Marie-Louise Fürstin zu Castell-Castell

VERGEBUNG, VERSÖHNUNG, HEILUNG

Marie-Louise Fürstin zu Castell-Castell

Vergebung, Versöhnung, Heilung

Mein Schlüssel zu einem gelingenden Leben

francke

Über die Autorin:

Marie-Louise Fürstin zu Castell-Castell lebt in Castell in Unterfranken, wo sie mit ihrem mittlerweile verstorbenen Mann Albrecht Fürst zu Castell-Castell eine große Familie mit vielen Kindern, Enkeln und Urenkeln gründete. Lange Jahre leitete sie den großen Haushalt im Casteller Schloss. Sie führt ein offenes Haus und referiert bei Frauenfrühstückstreffen.

Bibliografische Information Der Deutschen Bibliothek
Die Deutsche Bibliothek verzeichnet diese Publikation in der Deutschen Nationalbibliografie; detaillierte bibliografische Daten sind im Internet über http://dnb.ddb.de abrufbar.

4. Auflage 2018
ISBN 978-3-86827-440-0
Alle Rechte vorbehalten
© 2014 by Verlag der Francke-Buchhandlung GmbH
35037 Marburg an der Lahn
Umschlaggestaltung: Verlag der Francke-Buchhandlung GmbH / Christian Heinritz
Umschlagbild: © Vogelsolutions.com
Satz: Verlag der Francke-Buchhandlung GmbH
Printed in Czech Republic

www.francke-buch.de

Inhaltsverzeichnis

Meine persönliche Geschichte

Das Thema Vergebung, Versöhnung und Heilung von zerbrochenen Beziehungen ist mir in meinem Leben zunehmend wichtig geworden. Warum das so ist, das möchte ich Ihnen mit einem kleinen Einblick in meine persönliche Geschichte verdeutlichen.

Ich bin 1930 in Kiel geboren, in Holstein und Mecklenburg aufgewachsen. Mein Vater war Offizier im Zweiten Weltkrieg. Bei Kriegsende flohen wir zu Verwandten nach Holstein und gingen von dort in die alte Heimat meines Vaters nach Arolsen zurück. Ich bin eine geborene Prinzessin zu Waldeck und Pyrmont. Nachdem ich die mittlere Reife absolviert hatte, fanden meine Eltern für mich eine Lehrstelle als ländlicher Hausarbeitslehrling in der Nähe von Hannover. Dort habe ich Dinge wie Ställe-Ausmisten, Hühner-Tasten (ob sie bald Eier legen) und Eintopf-Kochen gelernt. Außerdem habe ich die wichtige Erfahrung gemacht, was es heißt, in einer abhängigen Stellung tätig zu sein.

Bald danach traf ich dann zum ersten Mal Albrecht Fürst

zu Castell-Castell auf einem Ball. Wir kannten uns erst seit wenigen Tagen und haben uns noch gesiezt, als er schon nach Arolsen kam und bei meinen Eltern um meine Hand anhielt. Ich habe sofort Ja gesagt. Jeder, der ihn kennt oder schon einmal gesehen hat, wird das verstehen. Ich wusste: Dieser wunderbare ritterliche Mann ist der Richtige für mich.

Nach einer zehnmonatigen Verlobungszeit haben wir dann in Arolsen geheiratet und ich wurde als Fürstin zu Castell-Castell in die Heimat meines Mannes, nach Unterfranken, heimgeführt. Nun lebe ich schon seit mehr als sechs Jahrzehnten in Castell, einem schönen Weinort an den westlichen Ausläufern des Steigerwaldes. Mein Mann hat hier den jahrhundertealten Familienbesitz verwaltet, der aus Landwirtschaft, Wald, Weinbau und einer Privatbank besteht. Das ist eine schöne, große und interessante Aufgabe, die uns immer wieder mit vielen Menschen zusammengebracht hat. Im Laufe der Jahre haben wir acht Kinder bekommen, von denen sechs noch am Leben sind. Inzwischen hat Gott uns auch zweiunddreißig Enkelkinder und siebzehn Urenkel geschenkt.

Nach einigen gemeinsamen Jahren merkten wir, dass unsere Ehe in eine große Krise geraten war. In dieser Zeit lud uns ein Vetter zu einer Tagung des Marburger Kreises ein, eines überkonfessionellen Netzwerkes von Christen, die Seminare zu Fragen des Glaubens veranstalten. Wir waren bis dahin zwar der Tradition nach Christen gewesen, die auch öfter in die Kirche gingen, aber im Alltag hatte der Glaube für uns keine besondere Rolle gespielt. Und die Hilfen und Tipps, die wir damals zur Bewältigung unserer Ehekrise erhalten hatten, gingen über Durchhalteparolen nicht hinaus. Bei jener besagten Tagung jedoch erfuhren wir, dass Gott mit uns in einer persönlichen Beziehung leben will. Wenn wir Jesus als den Herrn unseres Lebens annehmen und seine Vergebung empfangen, ist das der Beginn eines ganz neuen Lebens in Gemeinschaft mit Gott. Gegen dieses einfache Angebot haben wir uns anfangs sehr gesträubt. Wir dachten, wir seien fromm genug. Schließlich haben wir es aber doch angenommen – auch, weil wir den Menschen vertrauten, die uns das vorgeschlagen hatten. Und natürlich deswegen, weil unsere Not so groß war. Wir wurden angeleitet, unsere Schuld konkret zu benennen. Jeder von uns ließ sich zeigen, wo er in seinem Leben Gottes gute Ordnungen verlassen hatte. Unsere Richtpunkte waren dabei Wahrheit, Liebe, Selbstlosigkeit und Reinheit. Wir

> Wenn wir Jesus als den Herrn unseres Lebens annehmen und seine Vergebung empfangen, ist das der Beginn eines ganz neuen Lebens in Gemeinschaft mit Gott.

schrieben alles auf, was uns dazu in den Sinn kam, gingen damit zu einem Seelsorger und bekannten das, wo wir aneinander und vor Gott schuldig geworden waren. Die Vergebung Gottes wurde uns zugesprochen und wir übergaben an diesem Tag Jesus unser Leben. Uns wurde miteinander ein ganz neuer Anfang geschenkt. Dass wir zu Gott gehören, war für uns nun genauso real wie die Tatsache, dass wir zueinander gehören. Das hat unser Leben in der folgenden Zeit von Grund auf verändert. Nachdem jeder für sich die Vergebung Gottes erfahren hatte, konnten wir auch einander von Herzen vergeben und unsere Ehe erneuerte sich nach und nach.

Wir führen jetzt auch keine problemlose Ehe, aber wir führen eine Ehe „zu dritt". Jesus ist die Mitte, durch dessen Hilfe wir immer wieder zusammenfinden und neue Kraft bekommen. Wir lernten, gemeinsam in der Bibel zu lesen und miteinander zu beten. Wir lernten auch, mit anderen Menschen über den Glauben zu sprechen. Auf diesem Wege sind viele Verwandte und Freunde von einem bloßen „Glauben der Väter" durchgedrungen zu einem persönlichen Glauben an Jesus Christus.

Unser gemeinsames Leben wurde sehr reich und spannend und wir konnten Gott immer umfassender vertrauen.

Unser gemeinsames Leben wurde sehr reich und spannend und wir konnten Gott immer umfassender vertrauen. Dieses Vertrauen hielt auch Prüfungen stand. So verloren wir eine kleine Tochter im Alter von zweieinhalb Jahren, und unser ältester Sohn verunglückte tödlich auf der Heimfahrt von der Bundeswehr. In diesen schlimmen Zeiten sind wir durch viel Gebet – eigenes Gebet und dem Gebet vieler Freunde – davor bewahrt worden, an der Liebe Gottes zu uns zu zweifeln.

„Denn ich bin gewiss, dass weder Tod noch Leben, weder Engel noch Mächte noch Gewalten, weder Gegenwärtiges noch Zukünftiges, weder Hohes noch Tiefes noch eine andere Kreatur uns scheiden kann von der Liebe Gottes, die in Christus Jesus ist, unserm Herrn." (Röm. 8,38f.)

Diese Verse aus dem Brief des Paulus an die Römer schrieben wir auf die Todesanzeige für unseren Sohn. Wir haben erfahren, dass das wirklich stimmt. Gerade auch aus den Erfahrungen in den

> Gerade auch aus den Erfahrungen in den schweren Zeiten sind viele Früchte gewachsen.

schweren Zeiten sind viele Früchte gewachsen. Im Laufe der Jahre haben wir uns in verschiedenen kirchlichen und ökumenischen Arbeiten engagiert. Wir erlebten und erleben immer noch, wie Gott überall in dieser Welt mit der Hilfe von Menschen sein Reich baut. Davon gäbe es viel zu erzählen. Aber das Hauptthema dieses Buches soll etwas anderes sein. Ich freue mich, dass wir gemeinsam folgende „Schlüssel" betrachten und lernen können, sie zu gebrauchen: Vergebung, Versöhnung und Heilung. Sie öffnen uns die Tür zu einem gelingenden Leben in der Gemeinschaft mit Gott.

I. Vergeben ja,
vergessen nein?

Vergebung – Freiheit und Frieden finden

Das Thema „Vergebung" ist das wichtigste Thema der Welt Jeder braucht Vergebung und Verzeihung, aber viele wissen es nicht einmal.

Vor einigen Jahren habe ich über dieses Thema in der Frauenabteilung der Justizvollzugsanstalt Aichach gesprochen. Unter anderem habe ich Folgendes gesagt: „Sie und ich wissen, wie nötig wir Vergebung brauchen. Das verbindet uns. Ihre Straftaten sind offenkundig, sonst müssten Sie nicht hier sein. Mich unterscheidet von Ihnen nur, dass das, was an Schlechtem in mir vorhanden ist, nicht zum Durchbruch gekommen ist. Wenn alle unguten Gedanken meines Herzens Wirklichkeit geworden wären, wäre ich genauso im Gefängnis wie Sie. Wir wissen, dass wir immer wieder schuldig werden und ohne Vergebung nicht leben können." Das war für die Frauen im Gefängnis ganz klar und keine Beleidigung. Für uns, die wir (scheinbar) frei sind, ist es meist schwerer, uns einzugestehen, dass wir schuldig werden und Vergebung brauchen.

Was ist Vergebung überhaupt?

Es ist das, was wir am allernötigsten zu unserem Leben brauchen. Ohne Vergebung können wir nicht in Frieden und Freiheit leben, so wie Gott es für uns vorgesehen hat. Im „Vaterunser", dem Gebet, das Jesus uns gelehrt hat, beten wir: „Und vergib uns unsere Schuld, wie auch wir vergeben unsern Schuldigern." Aber ist das auch wirklich eine Realität in unserem Leben? Ist unser Leben nicht vielmehr auf vielen Gebieten durch Unversöhnlichkeit und den Unwillen zur Vergebung bestimmt?

> Ohne Vergebung können wir nicht in Frieden und Freiheit leben, so wie Gott es für uns vorgesehen hat.

Wie ist es um unsere unterschiedlichen Beziehungen bestellt?

Wie sieht es z. B. aus mit den Beziehungen innerhalb der Familie? Sind sie geprägt von Liebe und Respekt gegenüber den Eltern und Großeltern? Leben die Familienmitglieder untereinander in versöhnten Beziehungen? Habe ich die Bereitschaft, loszulassen und der anderen Person Freiheit zu gewähren, auch wenn z. B. meine Schwiegermutter oder Schwiegertochter nicht alles so macht, wie es meinen Vorstellungen entspricht, oder wenn ich mich von ihr unverstanden fühle? Wie steht es um meine Beziehung zu Gott? Bin ich mit ihm versöhnt oder hadere ich ständig mit ihm wegen der Defizite in meinem Leben? Und schließlich: Bin ich mit mir selbst versöhnt? Kann ich mich selbst und meine Lebensumstände so annehmen, wie sie sind?

Selbstannahme

Eine gute Übung zum Thema „Selbstannahme", mit sich selbst versöhnt sein, ist folgende: Suchen Sie sich eine Person Ihres Vertrauens, eine gute Freundin z. B., und üben Sie das gegenseitige „Loben" ein.

Sprechen Sie der Freundin gegenüber laut aus, wofür Sie sie loben, was Sie an ihr mögen, was Sie gut kann … Im Gegenzug darf Ihre Freundin Ihnen Lob aussprechen. Wenn Ihnen das schwerfällt, können Sie Ihr Lob auch zunächst aufschreiben und sich dann gegenseitig vorlesen. Danach probieren Sie aus, Personen in Ihrem Umfeld zu loben, mit denen Sie Schwierigkeiten haben – Sie werden sehen: Lob ist die beste Medizin für schwierige Beziehungen.

> Lob ist die beste Medizin für schwierige Beziehungen.

Annahme innerhalb der Familie

Wenn Sie zur etwas älteren Generation in der Familie gehören, stellen Sie sich auch die Frage: Sind die Beziehungen zu unseren Kindern und Schwiegerkindern offen und liebevoll? Können wir miteinander reden, ohne uns zu verletzen? Jemand hat mir einmal gesagt, dass niemand die Macht hat, einen so zu verletzen wie die eigenen Kinder. Das habe ich damals nicht geglaubt, doch wir haben es dann, wie viele andere Eltern auch, selbst erlebt und waren erst einmal enttäuscht. Alle Eltern wollen normalerweise nur das Beste für ihre Kinder. Aber sie können natürlich auch nur das weitergeben, was sie selbst empfangen haben. Manches, was die Kinder von ihren Eltern erwarten, „haben" diese einfach nicht. Jede Mutter, jeder Vater bleibt den eigenen Kindern etwas schuldig. Mein Mann und ich haben in dieser Hinsicht gute Erfahrungen damit gemacht, die Kinder um Vergebung zu bitten: für die Fehler in der Erziehung, für den Mangel an Liebe und Geduld, aber auch für ganz konkrete Dinge und Ereignisse. Unsere Kinder wissen, dass sie Eltern haben, denen es an so manchem mangelt. Sie haben uns verziehen, und unsere Bitte um

> Unsere Kinder haben uns verziehen und unsere Bitte um Vergebung hat die Liebe nur verstärkt und den Respekt uns gegenüber in keiner Weise beeinträchtigt.

Vergebung hat die Liebe nur verstärkt und den Respekt uns gegenüber in keiner Weise beeinträchtigt.

Eine Frau erzählte mir einmal: „Die Kinder aus der ersten Ehe meines Mannes haben mich sehr verletzt. Sie haben mich so oft abgelehnt, dass ich sie nun nicht mehr sehen will. Ich kann einfach nicht vergessen, wie sie mit mir umgegangen sind. Deshalb will ich sie nie mehr sehen!" Diese Haltung ist verständlich. Aber, Gott sei Dank, konnte diese Frau sich dazu entscheiden, ihren Stiefkindern aus ganzem Herzen zu vergeben und ihnen ihre Fehler nicht mehr vorzuhalten. Nun lebt sie in einer guten Beziehung mit ihnen.

Annahme meiner Mitmenschen

Wie steht es mit den Beziehungen zu den Nachbarn oder zu Geschäftspartnern, die einen übervorteilt haben? Ist das eine „befriedete Region"? Gibt es Menschen, die uns immer wieder auf die Palme bringen, denen wir nicht begegnen können, ohne dass Wut oder Groll in uns aufsteigt? Gibt es Menschen, die ich nicht mehr sehen will, denen ich aus dem Wege gehe?

Wurzeln der Unversöhnlichkeit

Jeder von uns ist schon zahllose Male verletzt worden. Das bringt das Leben in Beziehungen einfach mit sich. Doch wir müssen einen Weg finden, damit umzugehen, damit wir nicht bitter werden. Ich glaube, es gibt zwei Wurzeln, aus denen Unversöhnlichkeit und der Unwille zu vergeben emporwachsen:

Die erste Wurzel ist Schmerz: Wir sind in der Kindheit oder im Laufe unseres weiteren Lebens von Personen verwundet worden, die uns sehr nahestanden.

Die zweite Wurzel ist Schuld: Echte Schuld, wo wir schlechte Entscheidungen in unserem Leben getroffen haben und an anderen schuldig geworden sind. Oder „unechte" Schuld – wir fühlen uns schuldig, obwohl wir objektiv gar nicht schuldig sind.

Falsche und echte Schuldgefühle

Ein Beispiel für falsche Schuldgefühle ist z. B. das unerwünschte Kind, das sich der Mutter gegenüber schuldig fühlt, weil es überhaupt geboren ist. Oder: Ich fühle mich schuldig, weil eine Beziehung zerbrochen ist, obwohl es von meiner Seite aus keine Möglichkeit gab, etwas daran zu ändern. Andererseits gibt es natürlich auch konkrete Momente, in denen ich wirklich schuldig geworden bin: Ich weiß genau, dass ich bestimmte Dinge nicht hätte tun oder sagen sollen. Da nützt es auch nichts, sie zu beschönigen und sich einzureden, es sei ja alles gar nicht so schlimm und nur eine kleine Verfehlung. Es gibt keinen Unterschied zwischen großen und kleinen Sünden. Sünde heißt: Wir haben das Ziel, das Gott uns gesetzt hat, verfehlt. Wir sind daran vorbeigeschossen. Da ist es egal, wie weit wir uns vom Ziel entfernt haben. Wo habe ich z. B. jemanden belogen oder jemanden verleumdet? Wo hatte ich nur meinen Vorteil im Auge, anstatt liebevoll auf den anderen einzugehen? Je mutiger ich mich meiner Schuld stelle und je offener ich damit umgehe, desto wirksamer kann ich Gottes Vergebung empfangen und annehmen.

> Je mutiger ich mich meiner Schuld stelle und je offener ich damit umgehe, desto wirksamer kann ich Gottes Vergebung empfangen und annehmen.

Schuld hindert uns am Leben

Wir sind nicht dazu geschaffen, Schuld zu tragen. Wenn wir Schuld unbearbeitet mit uns herumschleppen, kann sie zu einer großen Last für uns werden und uns krank machen. Körperliche und seelische Probleme können die Folge sein.

Das bedeutet natürlich ganz und gar nicht, dass hinter jeder Krankheit unvergebene Schuld steckt. Ich kenne jedoch viele Menschen, deren Beschwerden sich entscheidend verbessert haben, nachdem sie für ungute Entscheidungen und Handlungen in ihrem Leben um Vergebung gebeten und Gottes Vergebung angenommen haben. Schuld, die wir noch ständig mit uns herumtragen, hindert unser Wachstum und unser Heilsein im emotionalen, geistlichen und mitunter auch körperlichen Bereich. Deshalb ist es so wichtig, dass wir Vergebung suchen und empfangen für das, wo wir an anderen schuldig geworden sind. Genauso wichtig ist es allerdings auch, denen zu vergeben, die *an uns* schuldig geworden sind. Vielleicht fragen wir uns einmal: Wo habe ich Versöhnung dadurch erlebt, dass ich die Vergebung anderer / die Vergebung Gottes empfangen konnte? Wo habe ich Probleme, anderen zu vergeben, obwohl ich genau weiß, dass ich es sollte?

> Schuld, die wir noch ständig mit uns herumtragen, hindert unser Wachstum und unser Heilsein im emotionalen, geistlichen und mitunter auch körperlichen Bereich.

Das Geschenk der Versöhnung

Weil jeder, aber auch jeder von uns Vergebung braucht, hat Gott seinen Sohn Jesus Mensch werden lassen. Er ist stellvertretend für unsere Sünden den Weg ans Kreuz gegangen. Das Blut Jesu wäscht unsere Schuld ab, so sagt es uns die Bibel: *„Das Blut Jesu, seines Sohnes, macht uns rein von aller Sünde. Wenn wir sagen, wir haben keine Sünde, so betrügen wir uns selbst, und die Wahrheit ist nicht in uns. Wenn wir aber unsre Sünden bekennen, so ist er treu und gerecht, dass er uns die Sünden vergibt und reinigt uns von aller Ungerechtigkeit."* (1. Joh. 1,7-9) Versöhnung war zu Zeiten des Alten Testamentes noch eine blutige Sache. Viele unschuldige Tiere wurden von den Priestern im Tempel geopfert, um Gott gnädig zu stimmen und Versöhnung zu erlangen. Aber weil Gott die Liebe ist, hat er uns die Möglichkeit zur Versöhnung mit ihm als Geschenk gemacht, indem er seinen eigenen Sohn für uns geopfert hat. Mit diesem Opfer für uns ist etwas unglaublich Großes und Wunderbares geschehen. Damit ist jede Sünde, die je auf der Erde begangen worden ist und begangen werden wird, gesühnt. Der Tod Jesu ist das allgemein gültige Opfer, dem nichts hinzuzufügen und das durch nichts zu übertreffen ist: *„Denn der Sünde Sold ist der Tod; die Gabe Gottes aber ist das ewige Leben in Christus Jesus, unserm Herrn."* (Röm.

Weil Gott die Liebe ist, hat er uns die Möglichkeit zur Versöhnung mit ihm als Geschenk gemacht, indem er seinen eigenen Sohn für uns geopfert hat.

6,23) Allerdings nützt mir diese Tatsache nichts, wenn ich diese Gabe nicht ergreife, wenn ich sie nicht für mich ganz persönlich in Anspruch nehme. Wie kann ich nun in den Genuss dieses großen Geschenkes kommen? Ich kann es einfach annehmen, in einem stillen Gebet für mich alleine oder im allgemeinen Bußgebet der Kirchen.

Beichte – das Tor zur Freiheit

Was ist Beichte?
Für uns und viele andere, die ich kenne, ist der Weg dahin, in der Freude und der Gewissheit des Glaubens zu leben, die Beichte. Durch die Beichte kann die Vergebung Gottes in unserem Leben erst wirksam werden. Ich kann in meinen eigenen, einfachen Worten vor Gott alles abladen, was mich belastet, was ich verkehrt gemacht und anderen Menschen angetan habe. Es gehört Mut dazu, aber es lohnt sich. Ich darf hören, wie mir ein anderer Mensch im Namen Gottes zuspricht: „Diese Deine Sünde ist Dir vergeben, niemand darf sie Dir mehr anrechnen in Zeit und Ewigkeit." Dadurch wird die Vergebung für mich real. Da wird Chris-

> Die Beichte ist das Tor zur Freiheit. Was ans Licht gekommen ist, hat keine Macht mehr über mich.

tus, der Erlöser der Welt, zu meinem persönlichen Erlöser. Die Beichte ist das Tor zur Freiheit. Was ans Licht gekommen ist, hat keine Macht mehr über mich.

Bei wem kann ich beichten?
Ich kann bei jedem Menschen beichten, der eine Beziehung zu Jesus Christus pflegt und auch selbst die Vergebung Gottes für sich in Anspruch genommen hat. Zwar sind wir gewohnt, dass uns in erster Linie Pfarrer und Priester die Vergebung zusprechen, doch dürfen wir das im Namen und in der Kraft Gottes auch als Laien gegenseitig tun: „Bekennt also einander eure Sünden und betet füreinander, dass ihr gesund werdet. Des Gerechten Gebet vermag viel, wenn es ernstlich ist." (Jak. 5,16) Manche von uns sind z. B. in Bibel- oder Hauskreisen. Da findet man die Möglichkeit, mit einem Menschen seines Vertrauens das vor Gott zu bringen, was einen bedrückt. Das ist eine wunderbare Sache.

Heilung für die Verletzungen der Vergangenheit

Sensibel werden für den eigenen Mangel
Es gibt noch einen anderen Bereich in unserem Leben, in dem Vergebung absolut lebensnotwendig ist: Wo sind

andere Menschen an mir schuldig geworden? Wo haben sie mich verletzt? Was haben sie unterlassen? Für all diese Verletzungen ist innere Heilung nötig und möglich. Das, was uns heute noch zu schaffen macht, kann schon sehr lange zurückliegen. Verletzungen können uns in der frühesten Kindheit, manchmal sogar im Mutterleib, zugefügt worden sein. Ich kann Gott um Hilfe bitten, dass er mir durch seinen Heiligen Geist zeigt, was konkret in meinem Leben der Heilung bedarf. Da ist es oft eine Hilfe, wenn ich einem Menschen meines Vertrauens einfach einmal erzähle, wie mein Leben verlaufen ist, welche Ereignisse mich geprägt haben, was mir Mühe gemacht hat, was ich nicht vergessen kann bei allem guten Willen. Natürlich wollen alle Eltern das Beste für ihre Kinder, aber oft können sie es nicht geben, weil sie selbst in ihrer Kindheit in seelischer oder emotionaler Hinsicht Mangel erlitten haben. So geben sie das, was sie selbst erlebt haben, was ihnen angetan wurde, oft ungewollt an die eigenen Kinder weiter. Durch Ablehnung und Mangel an Liebe können jedoch Wunden in uns entstehen, die sich nicht schließen wollen und lange „bluten". Wir reagieren und handeln dann unbewusst aus diesen Verletzungen heraus. Viele haben nicht nur seelischen, sondern auch konkreten körperlichen Mangel erlitten und vielleicht auch Schläge, Aggressionen und Missbrauch aushalten müssen.

Vergeben, wo andere an mir schuldig geworden sind

Damit wir nicht zeitlebens von diesen schmerzvollen Erfahrungen gefangen sind, ist es wichtig, zur Vergebung durchzudringen: Ich vergebe denen, die Unrecht an mir getan haben. Das ist nicht nur eine Notwendigkeit für unsere seelische Gesundheit, sondern auch ein biblisches Gebot: Wir können und sollen denen vergeben, die an uns schuldig geworden sind: „Hütet euch! Wenn dein Bruder sündigt, so weise ihn zurecht; und wenn er es bereut, vergib ihm. Und wenn er siebenmal am Tag an dir sündigen würde und siebenmal wieder zu dir käme und spräche: Es reut mich!, so sollst du ihm vergeben." (Lk. 17,3f.) Dieser Text zeigt uns die Verantwortung, die wir auch selbst für das Gelingen unserer Beziehungen haben. Wenn ich immer nur alles still herunterschlucke, kann der andere vielleicht gar nicht darauf kommen, dass er mich verletzt hat. Wenn mir in dieser Hinsicht Verletzungen deutlich geworden sind, dann sollte ich, vielleicht sogar vor einem Zeugen, Vergebung aussprechen. Davon muss übrigens der Mensch, dem ich vergeben will, nicht notwendigerweise erfahren, denn es geht dabei mehr darum, meine innere Freiheit wieder zu erlangen.

„Ich vergebe Dir, Mutter ... Vater ... Bruder ... Lehrer (oder wer es sonst war). Ich vergebe Dir, so wie Jesus mir vergeben hat." Dadurch löse ich mich von der negativen,

> Kommt Vergebung in eine Beziehung hinein, entsteht Freiheit. Bindungen werden gelöst und Wunden können endlich heil werden.

oft destruktiven Bindung an die andere Person, der ich ihre Verfehlungen nachgetragen habe. Wenn ich nämlich, bewusst oder unbewusst, Groll auf eine Person festhalte, hat diese Person Macht über mich. Kommt jedoch Vergebung in diese Beziehung hinein, entsteht Freiheit. Bindungen werden gelöst und Wunden können endlich heil werden.

Vergebung ist eine Entscheidung – Das Beispiel von Corrie ten Boom

Vergebung ist keine Sache des Gefühls, Vergebung ist eine Entscheidung. Die holländische Christin Corrie ten Boom gibt in einem ihrer Bücher ein markantes Beispiel dafür. Sie und ihre Familie hielten in ihrem Haus Juden versteckt, wurden jedoch denunziert und ins Konzentrationslager gebracht. Dort wurde ihre Schwester Betsie zu Tode gepeinigt. Corrie überlebte und engagierte sich bewusst im Dienst der Versöhnung zwischen Tätern und Opfern des Nationalsozialismus. Sie verkündigte die heilsame Botschaft von Jesus und die Notwendigkeit der Vergebung. Sie erzählt, wie nach einem ihrer Vorträge in einer Kirche in München ein Mann auf sie zukam und sagte: „Eine wunderbare Botschaft, Fräulein. Wie gut zu wissen, dass, wie Sie sagen, all unsere Sünden auf dem Meeresboden liegen." Er streckte seine Hand aus, doch Corrie konnte sich nicht überwinden, seine Hand zu ergreifen. Denn im selben Moment erkannte sie in ihm den Aufseher im Konzentrationslager Ravensbrück, der ihnen so viel Leid verursacht hatte und Verantwortung für den Tod ihrer Schwester trug. Kälte kroch in ihr hoch. „Sie haben Ravensbrück in Ihrem Vortrag erwähnt", fuhr der Mann fort, „ich bin dort Aufseher gewesen. Aber seit damals bin ich Christ geworden. Ich weiß, dass Gott mir meine Gräueltaten von dort vergeben hat. Ich würde es jedoch auch gerne von Ihren Lippen hören. Fräulein, können

> Vergebung ist keine Sache des Gefühls, Vergebung ist eine Entscheidung.

Sie mir vergeben?" Er streckte seine Hand noch einmal aus und Corrie kam in den Sinn, dass sie ja gerade über Vergebung gesprochen hatte. Sie entschied sich mit ihrem Verstand zur Vergebung. Es war für sie das Schwerste, was sie jemals tun musste. Sie reichte dem Mann die Hand und sagte unter Tränen: „Ich vergebe dir, Bruder, von ganzem Herzen." Lange hielten sie einander bei der Hand und Corrie durfte erleben, wie Gott sie mit großer

Wärme und Liebe erfüllte. Vergebung ist eine Entscheidung. Und Gott stellt sich dazu.

Vergebung verändert – Ein Beispiel aus dem Frauengefängnis
Dass Vergebung ein Leben von Grund auf verändern kann, erlebte ich vor einigen Jahren, als ich im Frauengefängnis in Aichach einen Vortrag zu dem Thema zu halten hatte. Da mussten mir zunächst erst einmal sieben Türen aufgeschlossen werden, bis ich vor ungefähr fünfzig Frauen sprechen konnte. Eine Freundin begleitete mich, um für die Gespräche mit den Frauen nach meinem Vortrag zur Verfügung zu stehen. In meiner Gesprächsgruppe befand sich eine junge Frau, die mir mit wütend funkelnden Augen sagte: „Das ist ja alles schön und gut, was Sie da über Vergebung gesagt haben. Aber ich sitze hier wegen Mord. Die Aussage meiner eigenen Schwägerin hat zu meiner Verurteilung geführt. Der kann und will ich nicht vergeben!" Ich war einen Moment lang still und entgegnete ihr dann: „Ich kann Ihre Haltung gut verstehen. Sie können natürlich an Ihrem Groll festhalten, wenn Sie wollen. Aber wenn Sie mir und dem, was ich gesagt habe, auch nur einen Funken Vertrauen entgegenbringen, dann entscheiden Sie sich jetzt für Vergebung."

Sie lamentierte dann: „Das will ich nicht. Das kann ich nicht. Ich weiß auch gar nicht, wie ich das machen soll." Ich nahm sie bei der Hand und sagte: „Ich spreche es Ihnen jetzt vor, und wenn Sie einstimmen können, sprechen Sie mir nach: *„Ich vergebe Dir, Schwägerin. Ich vergebe Dir, so wie Jesus mir vergeben hat. Amen."* Das tat sie dann auch. Da die Zeit für Vortrag und Gespräche leider schon zu Ende ging, konnte ich nur noch einen kurzen Segen über ihr aussprechen. Ein Jahr später war ich noch einmal für einen Vortrag in diesem Gefängnis. Als ich den Raum betrat, kam eine hübsche junge Frau auf mich zu mit der Frage: „Kennen Sie mich noch?"

Ich musste leider verneinen. „Ich bin die Frau, die Sie im vorigen Jahr dazu gedrängt haben, ihrer Schwägerin zu vergeben. Dafür möchte ich Ihnen danken. Denn wenn Sie das nicht getan hätten, wäre ich schon längst nicht mehr am Leben. Ich hatte meinen Selbstmord damals schon geplant, aber nach unserem Gebet habe ich einen tiefen Frieden in mir gespürt. Seitdem versuche ich, das Beste aus meiner Zeit hier zu machen und bin sicher, dass mein Leben gut weitergeht." Diese ermutigende Geschichte erzähle ich sehr gerne, – aber nicht, damit jemand denkt: *Das muss ja ein fabelhafter Vortrag*

> Aber sie hat in einem entscheidenden Moment ihres Lebens die Hand von Jesus ergriffen, auf ihn vertraut und erfahren, dass er wahrhaftig auferstanden ist.

gewesen sein. Nein, sondern diese Geschichte macht deutlich, welche Macht Jesus hat! Ich weiß nicht, ob diese Frau je eine Kirche von innen gesehen hat. Aber sie hat in einem entscheidenden Moment ihres Lebens die Hand von Jesus ergriffen, auf ihn vertraut und erfahren, dass er wahrhaftig auferstanden ist.

Vergebung tut Seele und Körper gut

Auf einem christlichen Seminar, bei dem es um Heilung und Vergebung ging, konnten die Teilnehmer ein Gebet um Heilung in Anspruch nehmen. Die Mitarbeiter, unter denen ich war, wurden immer zu zweit in ein Gebetsteam eingeteilt. Da aber so viele der Teilnehmer für sich beten lassen wollten, war ich schließlich alleine mit einer jungen Frau. Sie bat mich, für ihre erkrankte Nase zu beten. Die Frau konnte keine Düfte mehr wahrnehmen und litt unter einem völligen Riech- und auch Geschmacksverlust. Sie sagte mir, sie sei schon bei vielen Ärzten gewesen, aber niemand und nichts habe ihr helfen können. Ich war etwas ratlos, erinnerte mich dann aber daran, dass die Bibel uns ausdrücklich dazu auffordert, für Kranke zu beten:

„Auf Kranke werden sie die Hände legen, so wird's besser mit ihnen werden." (Mk. 16,18)

„Ist jemand unter euch krank, der rufe zu sich die Ältesten der Gemeinde, dass sie über ihm beten und ihn salben mit Öl in dem Namen des Herrn." (Jak. 5,14)

So legte ich vorsichtig meine Finger an ihre Nase und bat Jesus um sein Eingreifen. Doch die Frau spürte keine Besserung. Ich betete innerlich zu Gott, dass er mich durch seinen Heiligen Geist im Gebet und Gespräch mit der jungen Frau leiten möge. Mir kam der Gedanke, sie zu fragen, ob es irgendetwas Spezielles gab, was sie nicht riechen mochte, bevor sie den Geruchssinn verlor. „Ja", sagte sie etwas erstaunt über meine Frage, „Rauch! Ich bin Bankangestellte. Immer wenn ein Kunde nach Rauch roch, war das für mich fast nicht zum Aushalten." Ich stellte noch eine Frage: „Verbinden Sie unangenehmen Rauch spontan mit einer bestimmten Person?" Da brach es unter Tränen aus ihr heraus „Ja, mit meinem Großvater. Der hat meine Mutter immer abgelehnt, weil sie eine andere Konfession hatte. Deshalb war die Atmosphäre in unserer Familie kaum zu ertragen. Und dann immer dieser ekelhafte Zigarrenrauch ..." Nun fragte ich sie, ob sie bereit wäre, ihrem Großvater alles zu vergeben, was er ihrer Familie angetan hatte. Sie willigte ein und formulierte ihr Gebet mit eigenen Worten. Ich betete dann noch einmal für ihre Nase und abends konnte sie schon den Duft einer Rose riechen.

Auf einem anderen christlichen Seminar lernte ich eine Frau kennen, die sehr burschikos und männlich auftrat. Sie erlebte in diesen Tagen durch Gebet und Gespräch viel Heilung und Befreiung. Am Ende der Seminartage konnten die Teilnehmer, wenn sie wollten, von ihrem Erleben erzählen. Die Frau erzählte bewegend und mutig vor den zweihundert Teilnehmern, dass sie jahrelang von einem Onkel missbraucht worden sei. Seit zwölf Jahren war sie in therapeutischer Behandlung, hatte diese schlimmen Erfahrungen aber immer noch nicht verarbeiten und mit ihnen abschließen können. Unter Weinen und Lachen erzählte sie uns: „Und gestern Abend habe ich ihm vergeben dürfen, und nun bin ich frei ... frei ... frei!"

Ein Lebensstil der Versöhnung

Erfahrene und gewährte Vergebung ist ein großes Geschenk Gottes, das wir weitergeben dürfen und sollen. Jeder von uns kann durch Jesus Vergebung empfangen und hat durch ihn auch die Freiheit und Vollmacht, Vergebung zu gewähren.

„Denn Gott war in Christus und versöhnte die Welt mit sich selber und rechnete ihnen ihre Sünden nicht zu und hat unter uns aufgerichtet das Wort von der Versöhnung. So sind wir nun Botschafter an Christi statt, denn Gott ermahnt durch uns; so bitten wir nun an Christi statt: Lasst euch versöhnen mit Gott!" (2. Kor. 5,19f.)

> Wir sind von Gott zu einem Lebensstil der Versöhnung berufen.

Wir sind von Gott zu einem Lebensstil der Versöhnung berufen. Das ist das Beste, was es für uns gibt.

Vergeben und vergessen?

Schmerzliche Erinnerungen ans Licht bringen
In vielen Fällen ist das „Vergessen" von schmerzlichen Ereignissen der Vergangenheit oder eigener Verfehlungen eine Folge davon, wenn Vergebung ausgesprochen oder empfangen wird. Es gibt aber auch schmerzliche Erinnerungen, die trotz Beichte und Vergebung immer wieder hochkommen. Besonders bei Verfehlungen auf sexuellem Gebiet, bei tiefsitzender Wut und bei allem, wo Menschen mit okkulten Praktiken Berührung hatten, kann dies der Fall sein. Da entsteht keine Freiheit, bevor nicht alles vor

einem Zeugen ausgesprochen und vor Gott ans Licht gebracht ist.

Heilung der Gefühle

Ich habe es oft erlebt, dass Menschen bewusst denen vergeben haben, die an ihnen schuldig geworden sind. Dennoch entdecken sie in ihrem Herzen immer noch negative Gefühle, die sie aber verdrängen. *Eigentlich dürften diese Gefühle ja gar nicht mehr da sein*, sagen sie sich, *ich habe doch schon vergeben*! Die Vergebung ist zwar geschehen – das ist eine Tatsache –, aber oft bedürfen die Gefühle noch der Heilung.

Ein Beispiel: Eine Tochter hat sehr unter ihrer Mutter gelitten. Sie hat nicht die Freiheit für ihr eigenes Leben bekommen, sie ist in ihrem Frausein von ihrer Mutter nicht bestärkt worden und war nicht fähig, eine ernsthafte Beziehung einzugehen. Stattdessen hat sie viele Jahre mit der Pflege ihrer Mutter verbracht. Nach deren Tod hat sie ihr vergeben. Doch die negativen Gefühle kommen immer wieder hoch. Wenn sie z. B. eine glückliche, junge Familie sieht, kommt ihr der Gedanke: „Das könnte ich heute auch haben, wenn meine Mutter nicht so mit mir umgegangen wäre."

Die Gegenwart Jesu wahrnehmen – im Gestern und im Heute
Im Fall dieser verletzten, wütenden Frau z. B. ist innere Heilung von großer Bedeutung. Im Hebräerbrief heißt es:

> „Jesus Christus ist derselbe gestern und heute und in Ewigkeit." (Hebr. 13,8)

Das kann für den Betreffenden ganz real werden: Wenn wir für ihn beten, dann stellen wir uns zunächst bewusst in die Gegenwart Jesu Christi. Wir bitten Jesus, mit der betroffenen Person zusammen zu den schmerzlichen Erinnerungen zurückzugehen, ihr zu zeigen, dass er da gewesen ist – auch in den Momenten größten Leidens. Wir ermutigen die Person, ihre wahren Gefühle zuzulassen. Und wenn Tränen kommen, dann ist das etwas Gutes. Tränen sind ein Geschenk Gottes, auch für Männer! Es kann hilfreich sein, den Ratsuchenden zu ermuntern, sich vorzustellen, was Jesus in der leidvoll erinnerten Situation gesagt oder getan hätte. Oft ist es auch gut, sich im Wissen um die Gegenwart Gottes während eines bestimmten, schon vergangenen Ereignisses von der Person zu lösen, die einem Leid

> Wenn Tränen kommen, dann ist das etwas Gutes. Tränen sind ein Geschenk Gottes, auch für Männer!

zugefügt hat. Ist diese Person schon verstorben, kann das zum Beispiel so aussehen:

„Mutter, ich vergebe Dir von ganzem Herzen alles, was Du mir schuldig geblieben bist. Ich löse mich von jeder Anklage gegen Dich. Und ich verabschiede mich jetzt von Dir. Du darfst in Frieden ruhen. Ich gehe meinen Weg mit Jesus weiter."

Es geht hierbei nicht so sehr um psychologische Techniken als vielmehr darum, dass die heilsame Gegenwart Jesu in jeder Situation des Lebens wahrgenommen und erfahren werden kann.

Auch bei dem schwierigen und leidvollen Ereignis einer Abtreibung kann ein Gebet um innere Heilung Wunder wirken. Frauen, die unter ihrer Abtreibung leiden, können während des Gebetes, in der heilsamen Gegenwart Gottes, oft ihrem tiefen Schmerz erst richtig freien Lauf lassen. Es ist wichtig, sich dem Schmerz und dem, was da geschehen ist, zu stellen. Manchen Frauen hilft es, wenn sie ihrem ungeborenen Kind einen Namen geben. Erstaunlicherweise haben die meisten sofort einen Namen im Sinn. Die Frauen können ihre Last im Gebet ablegen, indem sie Gott

> Durch das Gebet um innere Heilung wird die Erinnerung zwar nicht vollständig ausgelöscht, aber die Erinnerungen schmerzen nicht mehr.

um Vergebung dafür bitten, dass das Kind nicht zum Leben hat kommen dürfen. Im Gebet vertrauen sie das Kind der Fürsorge Jesu an und geben es Gott zurück, von dem alles Leben kommt. Schon manch eine Mutter hat ihr Kind dann in den Armen Jesu liegen sehen und konnte von diesem Tag an ohne Schmerz und Schuldgefühle an ihr Kind denken. Durch das Gebet um innere Heilung wird die Erinnerung zwar nicht vollständig ausgelöscht, aber die Erinnerungen schmerzen nicht mehr.

Wie Versöhnung mit Menschen und Gott real wird
An dieser Stelle wollen wir einen Moment innehalten. Bitten Sie Gott, Ihnen durch seinen Heiligen Geist vor Augen zu führen, wovon Sie geheilt und befreit werden können. Die folgenden Fragen wollen Ihnen dabei helfen:

Wo geht mich das gerade Gelesene persönlich an?
Was sind die tiefsten Wunden in meinem Leben?
Was macht mich heute noch traurig / zornig / bitter?
Mit wem möchte ich auf keinen Fall verglichen werden?
Wem sollte ich heute vergeben?

Notieren Sie das, was Ihnen in Erinnerung gekommen ist. Wenn Ihnen bewusst geworden ist, dass Sie jemandem vergeben sollten, lade ich Sie ein, diesen Schritt der Vergebung ganz praktisch zu tun. Für manche von Ihnen wird es sich nur um einen weiteren Schritt auf einem schon begonnenen Weg handeln, aber für einige von Ihnen wird es ein ganz neuer Anfang sein. Wenn wir Vergebung empfangen oder weitergeben, erleben wir ganz real die Gegenwart und das Handeln Jesu in unserem Leben. Gott will in eine Beziehung zu uns treten. Das ist schwer zu glauben, aber es ist zu erfahren. Und wir haben die Freiheit, uns dafür zu entscheiden.

Gebet um Vergebung

Herr Jesus Christus,
ich danke Dir, dass Du alle Vergebung,
die wir brauchen,
durch Deinen Tod am Kreuz vollbracht hast.
Ich nehme diese Tatsache jetzt neu
für mein Leben an.
Ich will mit Dir leben.
Ich erbitte Deine Vergebung für all das,
was in meinem Leben nicht Deinem
Willen entsprach.
Ich benenne vor Dir:

Ich danke Dir, dass Du mir vergeben hast!
Und ich bin auch bereit, denen zu vergeben,
die mich verletzt haben.
Ich benenne folgende Namen:

Ich vergebe ihm / ihr,
so wie Du mir vergeben hast.
Danke, dass ich mit Deinem Beistand
auf dem Weg der Vergebung rechnen kann.
Amen.

II. Spieglein, Spieglein an der Wand – Wer bin ich und wie gehe ich mit mir selbst um?

Das äußere Erscheinungsbild

Wer von uns hat keinen Spiegel über seinem Waschtisch und wer von uns schaut nicht jeden Morgen nach dem Aufstehen da hinein? Bin ich zufrieden mit dem, was ich sehe, oder habe ich viel an mir auszusetzen? Sage ich Ja oder Nein zu dem, was ich sehe?

Was sehe ich überhaupt im Spiegel? Ist es ein lebendiges Gesicht oder ist es eher eine verbitterte Maske? Ist es ein Gesicht, das anziehend ist oder eher abweisend und streng?

Fühle ich mich wohl in meinem Körper, oder hätte ich gerne eine andere Figur? Was strahlt mein Gesicht aus?

Jede von uns ist sicher von ganz unterschiedlichen Gefühlen bestimmt, wenn wir in den Spiegel sehen. Die können je nach Charakter oder persönlicher Stimmungslage und Tagesform variieren. Doch sicher ist der Gedanke „Heute kann ich mich gar nicht leiden" vielen von uns vertraut.

Oft vergleichen wir uns auch mit anderen: „Wenn ich

doch nur so aussehen würde wie diese und jene ... dann wäre manches besser und leichter."

Viele Frauen wenden Zeit und Kraft und Geld auf, um das eigene Bild zu verändern. Kosmetikerinnen und Friseure leben von diesem Bedürfnis der Menschen, schöner werden zu wollen. Und sie haben viel Erfolg damit. Sie können wirklich das Äußere eines Menschen sehr zum Positiven verändern.

Eine Schönheitsbehandlung kann die persönliche Stimmungslage und unser Körpergefühl durchaus positiv beeinflussen. Für äußere Schönheit werden jedes Jahr in Deutschland Millionen ausgegeben – da wird gefärbt, gestrafft, geliftet, operiert ... Manche Frauen nehmen wahre Torturen auf sich, um schöner zu werden und ihr Spiegelbild zu verändern.

Ist es etwas Schlechtes, wenn ich mir um meine äußere Erscheinung Gedanken mache? Ich denke nicht. Unser Körper und unser Gesicht sind ja gute Gaben Gottes, mit denen wir behutsam und pfleglich umgehen sollten. Wir sollten sie so behandeln, dass wir unserem Schöpfer die Ehre geben, aber ohne aus der Schönheit einen Götzen zu machen.

> Unser Körper und unser Gesicht sind gute Gaben Gottes, mit denen wir behutsam und pfleglich umgehen sollten.

Das Geheimnis wahrer Schönheit

Was aber ist das Geheimnis wahrer Schönheit? Ich glaube, dass jeder Mensch eine Schönheit sein und haben kann. Eine Schönheit, die von innen kommt und die sich nach außen auswirkt. Ich traf einmal zwei schon sehr betagte Frauen aus dem Steigerwald. Sie lebten in sehr einfachen Verhältnissen – so einfach wie wohl kaum jemand von uns. Beide hatten in ihrem Leben schon viele Verluste erlitten und fast alle lieben Menschen verloren, die zu ihnen gehörten. Und trotzdem hatten sie eine Ausstrahlung von Zufriedenheit und Dankbarkeit, die ich nur als Schönheit bezeichnen kann. Sie waren mit sich und ihrem Schöpfer im Reinen. Das ist ein Ziel, das jeder von uns erreichen kann, wenn er es will.

Sich selbst lieben und andere lieben

Die Qualität unserer Liebe für andere Menschen hängt von der Qualität unserer Liebe zu uns selbst ab. Oft glauben sehr schöne Menschen, dass sie hässlich sind und finden sich unattraktiv. Im Gegensatz dazu kann eine äußerlich weniger attraktive Person sehr selbstbewusst sein und ein gutes Selbstbild haben.

Ich möchte Ihnen gerne eine sehr persönliche Frage stellen – vielleicht nehmen Sie sich einen Moment lang Zeit, um darüber nachzudenken:

Haben Sie sich selbst gern? *Lieben* Sie sich selbst? Jesus Christus sagt:

> Die Qualität unserer Liebe für andere Menschen hängt von der Qualität unserer Liebe zu uns selbst ab.

„Du sollst den Herrn, deinen Gott, lieben von ganzem Herzen, von ganzer Seele und von ganzem Gemüt. Dies ist das höchste und größte Gebot. Das andere aber ist dem gleich: Du sollst deinen Nächsten lieben wie dich selbst." (Mt. 22,38f.) Die Liebe zu uns selbst ist also die Voraussetzung für echte Nächstenliebe. Jesus sagt nicht, dass wir unseren Nächsten *mehr* lieben sollen als uns selbst oder *statt* unserer selbst, sondern *wie* uns selbst.

Als eine meiner Enkelinnen ungefähr vier Jahre alt war, saß ich mit ihr in der Küche und gab ihr etwas zu essen. Ich sagte ihr: „Isi, ich liebe Dich." Sie gab mir zur Antwort: „Omama, ich liebe mich auch!" Das hat mich froh gemacht, weil ich wusste, dass eine gesunde Selbstliebe die beste Grundlage für ein gelingendes Leben ist. In meiner Generation hätte man eine solche Äußerung wohl noch kritisch betrachtet.

Manche von uns denken vielleicht heute noch, sich selbst zu lieben sei gleichbedeutend mit Eitelkeit und Selbstsucht und von daher „unchristlich". Aber Gott möch-

> Gott möchte, dass wir uns selbst so annehmen und schätzen lernen, wie er uns gemacht hat. Das ist eine der wichtigsten Voraussetzungen für ein gutes Leben.

te, dass wir uns selbst so annehmen und schätzen lernen, wie er uns gemacht hat. Das ist eine der wichtigsten Voraussetzungen für ein gutes Leben. Denn die Art, wie wir über uns selbst denken, beeinflusst auch die Art, wie wir auf andere Menschen reagieren. Wenn ich z. B. glaube, dass ich zu nichts tauge, minderwertig, nicht liebenswert oder hässlich bin, dann werde ich Mühe haben, andere Menschen wertzuschätzen und zu lieben. Es wird mir auch schwerer fallen, Gottes Liebe für mich anzunehmen und ihn zu lieben.

Den Kindern ein positives Selbstbild vermitteln
Manchmal sind Eltern ihren Kindern gegenüber nicht sehr mitteilsam – es sei denn, sie haben etwas an ihnen auszusetzen, sie zu rügen oder zu tadeln.

Dadurch wird den Kindern aber leider das Gefühl vermittelt, dass sie kaum etwas tun können, was richtig und gut ist. Auch die besten Eltern verletzen auf diese Weise das positive Selbstbild ihrer Kinder. Das geschieht hauptsächlich durch mangelndes Lob für alles, was dem Kind gelingt.

Es ist wichtig, dass Eltern ihren Kindern täglich sagen: „Ich habe Dich lieb" und ihre Kinder loben. Die Kindheitsjahre bilden die Basis für die spätere Meinung einer Person über sich selbst. Wenn ein Kind z. B. von einem Elternteil mit Ausdrücken wie „dumm, faul, ungeschickt ..." tituliert worden ist oder oft von seinen Geschwistern gehänselt wurde mit Worten wie „Dickmopps, Fettwanst, Bohnenstange ...", dann ist es sehr wahrscheinlich, dass dieses Kind mit einem negativen Selbstbild aufwächst. Jemand anderen zu hänseln, ist lieblos und falsch, denn es verletzt und schmerzt, selbst wenn der Betroffene darüber lachen kann.

> Es ist wichtig, dass Eltern ihren Kindern täglich sagen: „Ich habe Dich lieb" und ihre Kinder loben.

Es gibt viele Erwachsene, die nach langen Jahren immer noch darunter leiden, was ihnen in ihrer Jugend vermittelt wurde: z. B., dass sie für die Eltern ein Problem gewesen seien, dass sie nicht gewollt waren, dass sie das falsche Geschlecht hatten oder dass sie nicht die gleichen Leistungen wie ihre Geschwister erbracht haben.

Worte wie „Du taugst nichts", „Du bist hässlich", „Warum bist Du bloß immer so ungeschickt?" setzen sich in der Seele des Kindes fest und hindern die Entwicklung eines positiven Selbstbildes.

Kinder müssen zwar erzogen werden, aber die Eltern sollten das ohne Härte und Sarkasmus tun, sondern in Liebe und mit einer konsequenten Haltung.

Paulus sagt uns im Brief an die Epheser: „Ihr Väter, behandelt eure Kinder nicht so, dass sie widerspenstig werden! Erzieht sie mit Wort und Tat so, wie es dem Herrn gemäß ist." (Eph. 6,4)

Kritik nagt an unserem Selbstbild

Es muss allerdings durchaus nicht immer die Schuld der Eltern sein, wenn ein Mensch ein schlechtes Selbstbild hat. Ein Kind kann in einem liebevollen Elternhaus aufgewachsen sein, dann aber später einen herrischen und herabwürdigenden Ehepartner geheiratet haben. So kann das Selbstbild einer Ehefrau großen Schaden nehmen, wenn die Kinder immer wichtiger genommen werden als sie selbst, wenn ihr Gesicht oder ihre Frisur ständig mit anderen Frauen verglichen wird oder ihre Kochkünste mit denen der Schwiegermutter.

Umgekehrt kann das Selbstbild des Mannes großen Schaden nehmen, wenn er von einer nörgelnden Ehefrau ständig daran erinnert wird, dass er nicht ausreichend verdient, nicht die richtige Arbeitsstelle hat oder unfähig ist, angemessen für seine Familie zu sorgen. Es gibt viele Weisen, auf die unser Selbstbild Risse bekommen kann, sei es durch die Ablehnung der eigenen Kinder, die gerade in einer rebellischen Phase sind, durch die überzogene Kritik von Vorgesetzten oder anderes. Unser Selbstbild wird mitgeprägt von dem, wie sich andere Menschen uns gegenüber verhalten.

Die wichtigsten Ursachen für ein negatives Selbstbild
Ich glaube, es gibt drei Hauptproblembereiche, die uns daran hindern, ein positives Selbstbild zu entwickeln: Ablehnung, Schuld und Perfektionismus.

Ablehnung
Wie bereits erwähnt hat ein Mensch, der von den Eltern nicht gewollt war, als Kind gehänselt oder misshandelt worden ist, mit großer Wahrscheinlichkeit ein negatives Selbstbild. Haben die Eltern z. B. in ihrer Kindheit Mangel erlitten oder sind selbst von anderen verletzt worden, können sie ihren Kindern nicht all das geben, was diese brauchen, um ein gesundes Selbstwertgefühl zu entwickeln. Ich möchte Ihnen dazu ein Beispiel erzählen: Eine junge Frau hatte große Probleme mit sich selbst und ihren Beziehun-

gen. Im Verlauf eines seelsorgerlichen Gespräches wurde deutlich, dass sie von ihrer Mutter in ihrer Persönlichkeit wenig bestätigt worden war. Eigentlich hatte sie ein Junge werden sollen und war deshalb auch lange wie einer behandelt worden. Die junge Frau sagte: „Meine Mutter hat mir nicht einmal erlaubt, eine Schleife im Haar zu tragen wie andere Mädchen." Durch die seelsorgerliche Begleitung wurde die Frau schließlich dazu bereit, ihrer Mutter zu vergeben. Sie konnte Gott das klagen, was sie in ihrem Leben vermisst hatte, und laut aussprechen: „Ich vergebe Dir, Mutter, so wie Jesus mir vergeben hat." Die junge Frau wurde frei und konnte zu einem gesunden Selbstwertgefühl finden. Die gute Nachricht ist also, dass Gott diese inneren Verletzungen heilen kann, wenn wir den Menschen, die uns das zugefügt haben, im Namen Jesu vergeben.

> Gott kann diese inneren Verletzungen heilen, wenn wir den Menschen, die uns das zugefügt haben, im Namen Jesu vergeben.

Schuld

Schuldgefühle können eine weitere Ursache für ein negatives Selbstbild sein. Das gilt besonders dann, wenn wir uns selbst nicht vergeben können oder wenn wir glauben, dass Gott uns unsere Sünden nie vergeben wird. Viele Menschen verdammen sich selbst für eine oft schon lange zurückliegende Schuld, weil sie nicht wissen, dass die Vergebung, die Jesus für jeden von uns durch seinen Tod am Kreuz erwirkt hat, in ihrem Leben Wirklichkeit werden kann. Schuld, unter der Menschen leiden, kann sehr unterschiedlich aussehen: Es kann z. B. Hass auf einen Menschen sein; ständige Unzufriedenheit mit dem eigenen Leben; Untreue dem Partner gegenüber; eine Abtreibung, die einem auf der Seele liegt; die durch eigenes Fehlverhalten belastete Beziehung zur Schwiegermutter oder Fehler in der Erziehung der Kinder. Es gibt keinen Unterschied zwischen großer und kleiner Schuld. Schuld ist alles, was von dem guten Willen Gottes für uns, wie er uns z. B. in den Zehn Geboten entgegenkommt, abweicht.

Gott sagt uns zu: „Ich vergebe ihnen ihre Schuld und denke nicht mehr an ihre Sünden." (Hebr. 10,17) Wenn wir die Vergebung Gottes annehmen und uns unsere Fehler und Schwächen eingestehen, können wir auch uns selbst so annehmen, wie wir sind. Gott hat für uns in seiner großen Liebe seinen eigenen Sohn gegeben, damit wir Vergebung erfahren können – nicht erst im Himmel, sondern hier und jetzt: „So gibt es nun keine Verdammnis für die, die in Christus Jesus sind." (Röm. 8,1)

Wir brauchen uns Gott gegenüber nicht mehr als un-

> Es ist wichtig, dass wir unsere Schuld vor Gott abladen, denn er ist der Einzige, der unser Selbstbild von Grund auf und im tiefsten Inneren ändern kann.

würdig zu empfinden. Die Bibel sagt uns zu: „Wenn wir aber unsre Sünden bekennen, so ist er treu und gerecht, dass er uns die Sünden vergibt und reinigt uns von aller Ungerechtigkeit." (1. Joh. 1,9) Deshalb ist es wichtig, dass wir unsere Schuld vor Gott abladen, denn er ist der Einzige, der unser Selbstbild von Grund auf und im tiefsten Inneren ändern kann. Ein Therapeut, ein Psychologe oder Psychiater kann uns helfen zu erkennen, wo unsere Verletzungen sind. Unser Selbstbild und unsere Wunden aber wirklich tiefgehend zu heilen, das kann nur Jesus Christus.

Perfektionismus

Viele von uns glauben, wir müssten perfekte Ehefrauen, Mütter, Jugendleiterinnen, Köchinnen, Hausfrauen, Schwiegermütter, Großmütter sein. Wenn die Figur nicht tadellos ist, empfinden wir uns oft schon als minderwertig. Wenn wir nicht so eine perfekte Gastgeberin sind wie unsere Nachbarin (die vielleicht sonst nicht so viel zu tun hat), fühlen wir uns schlecht. Wenn wir dann einmal für etwas gelobt werden wie z. B. für ein gut gelungenes Essen, schränken wir das Lob selbst ein, indem wir antworten: „Ach, das war doch nur etwas ganz Einfaches ...", „Die Nachspeise ist mir heute nicht so gelungen wie sonst ...". Damit geben wir unseren Gästen und unserer Familie ein falsches Signal, nämlich, dass nur das ganz „Perfekte" richtig und gut ist. Niemand erwartet aber von uns, dass wir perfekt sind. Es ist besser und gesünder, wenn wir immer wieder einmal über uns selbst lachen können, wenn uns etwas nicht gelungen ist. Es wäre zudem schade, wenn unsere Kinder durch unser eigenes perfektionistisches Verhalten das Gefühl bekämen, dass auch sie nur akzeptiert und angenommen sind, wenn sie beste Leistungen bringen. Denn gerade dann, wenn sie einmal eine schlechte Note bringen oder anderweitig „versagt" haben, brauchen sie Liebe und Anerkennung. Gott jedenfalls besteht absolut nicht darauf, dass wir perfekt sind. Seine Liebe zu uns ist nicht von Leistungen abhängig, wie wir das vielleicht von unserem Elternhaus her gewohnt waren. Seine Liebe ist bedingungslos. „Ich habe dich je und je geliebt, darum habe ich dich zu mir gezogen aus lauter Güte." (Jer. 31,3)

> Gott besteht absolut nicht darauf, dass wir perfekt sind. Seine Liebe zu uns ist nicht von Leistungen abhängig.

Lob annehmen und austeilen können

Menschen, die Perfektionisten sind, sind kaum jemals mit sich zufrieden. Diese Unzufriedenheit mit sich selbst macht sie auch allen anderen gegenüber sehr kritisch. Für jemanden, der ein schlechtes Selbstbild hat, ist es schwierig, Lob oder Komplimente anzunehmen. Umgekehrt ist es ein Zeichen für ein gesundes Selbstwertgefühl, wenn ich bereit bin, Lob ohne Widerspruch oder Einschränkung anzunehmen. Wenn ich auch anderen Menschen Lob zollen kann, dann ist das ein Ausdruck von Nächstenliebe. Indem ich die guten Eigenschaften meines Nächsten lobe, lobe ich zugleich auch Gott, der diese guten Gaben in ihn hineingelegt hat.

Selbstachtung, erwachsen aus Vergebung

Selbstachtung ist eines der tiefsten Bedürfnisse eines jeden Menschen. Dieses tiefe Bedürfnis kann nur durch Gott selbst gestillt werden. Er hat in seiner Liebe zu uns alle Voraussetzungen dafür geschaffen. Wir brauchen sie nur in Anspruch zu nehmen. Er möchte mit jedem von uns in einer persönlichen Beziehung leben und hat uns deshalb in seinem Sohn Jesus

> Selbstachtung ist eines der tiefsten Bedürfnisse eines jeden Menschen. Dieses tiefe Bedürfnis kann nur durch Gott selbst gestillt werden.

Christus den freien Zugang zu sich selbst eröffnet. Wenn wir Jesus als den Herrn unseres Lebens annehmen, werden wir Kinder Gottes, Kinder des Königs der Könige, Prinzessinnen. Wie kann das praktisch geschehen? Wir sind eingeladen, Jesus unser Leben zu übergeben und seine Vergebung, die er für uns durch seinen Tod am Kreuz erwirkt hat, ganz persönlich zu empfangen. Wir können einfach in der Stille, oder besser noch im Beisein eines Zeugen, unsere Schuld bekennen und die Vergebung Jesu empfangen. Vielleicht denken Sie einmal darüber nach:

Wo gibt es in meinem Leben noch Schuld, die mich hindert, mich als ein geliebtes Kind Gottes zu empfinden?
Wofür sollte ich um Vergebung bitten?
Wer hat mich so verletzt, dass ich keine Liebe zu mir selbst und auch nicht zu anderen Menschen empfinden kann?

Bitte um ein von Gott geprägtes Selbstbild

Vater im Himmel,
ich erkenne, dass ich mich nicht so gesehen habe,
wie Du mich siehst.
Im Namen Deines Sohnes Jesus Christus
bitte ich Dich um Vergebung dafür
und für alles,

was in meinem Leben nicht Deinem guten Willen
entsprochen hat.
Ich bekenne Dir,
was mir an Schuld bewusst ist, besonders alles,
womit ich das Selbstbild meiner Nächsten verletzt habe.

Und ich sage Dir auch, dass ich bereit bin,
den Menschen zu vergeben,
die an mir schuldig geworden sind,
besonders denen, die mein Selbstbild verletzt haben.

Ich vergebe ihnen, so wie Du mir vergeben hast.
Und ich bitte Dich, mich zu heilen,
wo ich verwundet bin.
Ich nehme meine Berufung, Dein Kind zu sein,
jetzt neu für mein Leben an.

„Denn ich bin gewiss, dass weder Tod noch Leben,
weder Engel noch Mächte noch Gewalten,
weder Gegenwärtiges noch Zukünftiges,
weder Hohes noch Tiefes noch eine andere Kreatur
uns scheiden kann von der Liebe Gottes,
die in Christus Jesus ist, unserm Herrn." (Röm. 8,38)
Amen.

Gottes Ebenbild

Jeder von uns ist unvergleichbar, von Gott gewollt und geliebt und in Jesus Christus berufen, aus der Vergebung und in Liebe zu leben. Wir sind berufene „Heilige", Ebenbilder Gottes, wundervoll und schön geschaffen. Wir sind das Werk seiner Hände.

„Ist jemand in Christus, so ist er eine neue Kreatur; das Alte ist vergangen, siehe, Neues ist geworden." (2. Kor. 5,17)

Wenn Gott mein Vater ist, dann bin ich jemand! Diese Tatsache ist dazu angetan, alle meine Minderwertigkeitsgefühle auszulöschen. Ich habe eine feste Grundlage: Ich bin ein Kind Gottes. Und der Vater im Himmel gibt mir an Liebe und Anerkennung, was ich brauche. Alles, was wir tun müssen, ist, Jesus als unseren persönlichen Heiland anzunehmen, ihn um Vergebung unserer Sünden zu bitten und ihn einzuladen, in unser Herz zu kommen. Jesus wartet darauf, uns mit seinem guten Geist, dem Heiligen Geist, zu füllen.

> Jeder von uns ist unvergleichbar, von Gott gewollt und geliebt und in Jesus Christus berufen.

Kehren wir noch einmal zurück zu unserer Ausgangsfrage und dem Spiegel:

Wen sehen wir darin?

Einen von Gott so und nicht anders geschaffenen Menschen, den er so liebt, wie er ist. Dafür dürfen wir danken, z. B. mit Worten aus dem 139. Psalm:

„Denn du hast meine Nieren bereitet und hast mich gebildet im Mutterleibe. Ich danke dir dafür, dass ich wunderbar gemacht bin; wunderbar sind deine Werke; das erkennt meine Seele." (Ps. 139,13f.)

(Impulse aus: „Heilung des Selbstbildes – Wege zu einem gesunden Selbstbewusstsein" von Betty Tapscott/Robert DeGrandis, Projektion J).

III. Gute Haushalterschaft – Wie gehe ich mit meinen Gaben um?

Gaben und Grenzen

Derjenige, der meint, allein in eigener Verantwortung über die ihm anvertrauten Gaben und Fähigkeiten entscheiden zu können, hat einen grundsätzlich anderen Blickwinkel auf das Leben als der, der sein Leben und seine Gaben als ein von Gott anvertrautes Gut betrachtet. Ich persönlich halte es hier mit dem, was uns im ersten Brief des Petrus gesagt wird:

„Dient einander, ein jeder mit der Gabe, die er empfangen hat, als die guten Haushalter der mancherlei Gnade Gottes." (1. Petr. 4,10)

Wir sind Haushalter der guten Gaben Gottes. Das Maß des mir Anvertrauten hat Gott bestimmt. Das macht mich frei. Denn ich darf wissen: Ich bin Haushalter über das, was ich habe – über nicht mehr, aber auch über nicht weniger. Ich bin nicht der Besitzer, aber ich bin der Verwalter und muss demnach auch Rechenschaft ablegen über das, was mir anvertraut wurde.

> Das Maß des mir Anvertrauten hat Gott bestimmt. Das macht mich frei.

Manchmal ist uns vielleicht gar nicht bewusst, was uns von Gott her geschenkt ist. Um für meine Gaben und meine Grenzen den richtigen Blick zu bekommen, kann ich z. B. den Rat und die Hilfe von Freunden in Anspruch nehmen. Menschen, die uns gut kennen, sehen von „außen" oft klarer, welche Ressourcen und Fähigkeiten wir besitzen und welche nicht oder wie wir unsere Gaben einsetzen können.

Was könnten mir anvertraute Gaben sein?

Gesundheit
Gesundheit ist für uns oft etwas Selbstverständliches, solange wir sie „haben". Aber sobald das Zusammenspiel der Organe und das komplexe System unseres Körpers an einer Stelle nicht mehr funktioniert, erkennen wir plötzlich, welch eine kostbare und ganz und gar nicht selbstverständliche Gabe sie ist.

Meiner Ansicht nach gibt es zwei schädliche Weisen, mit unserer Gesundheit umzugehen. Eine davon ist, dass wir uns nur noch um unsere Gesundheit drehen und sie zum Mittelpunkt unseres Denkens machen. So wird die Gesundheit leicht zum Götzen.

Die andere ist, dass wir zu leichtfertig mit unserer Gesundheit umgehen und mit ihr Raubbau betreiben.

Stellen Sie sich dazu einmal folgende Testfragen:

- Ist das Verhältnis von Belastung und Ruhe in meinem Leben ausgewogen?

- Wie steht es mit dem Schlaf? – Arbeit nach 22 Uhr ist den dafür geopferten Schlaf selten wert.

- Wie steht es mit dem Essen? – Nehme ich die Mahlzeiten in Ruhe ein, kann ich sie als ein gutes Erlebnis „feiern", vielleicht sogar mit Familie oder Freunden? Oder schlinge ich nur schnell irgendetwas in mich hinein, weil ich ja etwas essen muss? Essen aber ist mehr als nur etwas unbedingt Notwendiges.

- Esse ich mit Dankbarkeit? – Dankbarkeit ist ein gutes Regulativ dafür, Essen nicht achtlos zu behandeln oder im Übermaß zu mir zu nehmen.

- Esse ich mehr, als notwendig ist? – Die Bibel sagt uns, dass unser Körper wie ein Tempel ist, in dem Gott durch seinen Heiligen Geist Wohnung nimmt. Ich darf und soll Gott auch mit meinem Körper die Ehre geben. „Wisst ihr nicht, dass euer Leib ein Tempel des Heiligen Geistes ist, der in euch ist und den ihr von Gott habt, und dass ihr nicht euch selbst gehört? Denn ihr seid teuer erkauft; darum preist Gott mit eurem Leibe." (1. Kor. 6,19f.)

- Wie steht es mit dem Überangebot an Genussmitteln, wie gehe ich persönlich damit um?

> Gott schenkt uns so viel, aber er mutet uns auch zu, verantwortlich mit seinen Gaben umzugehen.

Gott schenkt uns so viel, aber er mutet uns auch zu, verantwortlich mit seinen Gaben umzugehen und die Grenze zum Missbrauch von Lebens- und Genussmitteln herauszufinden. Auch hier ist die Dankbarkeit Gott gegenüber ein gutes Regulativ dafür, mit Genuss, aber in Maßen zu essen.

Materieller Besitz, Haus

Materieller Besitz ist ein uns von Gott anvertrautes Gut, über das wir ihm einmal Rechenschaft abzulegen haben. Dabei ist es egal, ob wir wenig oder viel zu verwalten haben. Meinem Mann und mir ist eine sehr große Aufgabe durch Haus und Besitz anvertraut. Wir empfinden es jedoch als eine Entlastung, dass wir zwar tun sollten, was wir tun können, dass aber die letzte Verantwortung nicht bei uns liegt. Unser Besitz ist anvertrautes Gut, an dem wir uns freuen dürfen und dessen Möglichkeiten wir mit Dankbarkeit genießen. Er ist ein Heim nicht nur für uns, sondern auch immer wieder für Gäste.

„Gastfrei zu sein vergesst nicht; denn dadurch haben einige ohne ihr Wissen Engel beherbergt." (Hebr. 13,2)

Diese Anweisung aus dem Hebräerbrief ist uns sehr wichtig. Gastfrei zu sein und mit anderen zu teilen, diese Möglichkeit hat jeder von uns im Rahmen dessen, was ihm zur Verfügung steht.

> Gastfrei zu sein und mit anderen zu teilen, diese Möglichkeit hat jeder von uns im Rahmen dessen, was ihm zur Verfügung steht.

Geld

Geld kann mich binden, mich zum Sklaven machen oder mir Freiheit schenken. Es gibt Menschen mit sehr geringen Einkommen, die zufrieden und glücklich leben, und es gibt sehr reiche Menschen, die immer noch nach mehr Geld jagen müssen. Im Umgang mit unserem Geld gibt uns die Bibel sehr konkrete Hilfen. So mahnt sie uns z. B., daran zu denken, dass all unser materieller Besitz von Gott kommt:

„Du könntest sonst sagen in deinem Herzen: Meine Kräfte und meiner Hände Stärke haben mir diesen Reichtum gewonnen. Gedenke an den Herrn, deinen Gott; denn er ist's, der dir Kräfte gibt, Reichtum zu gewinnen." (5. Mo. 8,17)

Paulus warnt uns im ersten Brief an Timotheus vor der Habgier, die letztlich zerstörerisch ist:

„Denn wir haben nichts in die Welt gebracht; darum werden wir auch nichts hinausbringen. Wenn wir aber Nahrung und Kleider haben, so wollen wir uns daran genügen lassen. Denn die reich werden wollen, die fallen in Versuchung und Verstrickung und in viele törichte und schädliche Begierden, welche die Menschen versinken lassen in Verderben und Verdammnis." (1. Tim. 6,7-9)

Abraham hat Gott den zehnten Teil seines Besitzes gegeben: „Und Abraham gab ihm den Zehnten von allem." (Gen 14,20) Er ist dadurch nicht arm geworden. Gott hat ihn reich gesegnet.

Im Buch Maleachi finden wir die gute Einladung:

„Bringt aber die Zehnten in voller Höhe in mein Vorratshaus, auf dass in meinem Hause Speise sei, und prüft mich hiermit, spricht der Herr Zebaoth, ob ich euch dann nicht des Himmels Fenster auftun werde und Segen herabschütte die Fülle." (Mal. 3,10)

Es gibt viele Berichte von Menschen, die großzügig für den Bau des Reiches Gottes gegeben haben und in wirtschaftlicher Hinsicht gesegnet wurden.

An dieser Stelle lädt Gott uns tatsächlich ein, ihn auf die Probe zu stellen. Viele Christen folgen dieser Einladung und geben den Zehnten von allem, was sie einnehmen. Ich persönlich kenne niemanden, der dadurch ärmer geworden ist. Im Gegenteil – es gibt viele Berichte von Menschen, die großzügig für den Bau des Reiches Gottes gegeben haben und in wirtschaftlicher Hinsicht gesegnet wurden. Natürlich ist das kein Automatismus und sollte auch nicht zum Zwang werden. Denn: „Einen fröhlichen Geber hat Gott lieb." (2. Kor. 9,7)

Es tut meiner Einstellung zu meinem Geld sehr gut zu wissen, dass es lediglich ein mir von Gott anvertrautes Gut ist. Der Zehnte erinnert mich daran. Ich rechne ihn mir aus und er geht vorab an verschiedene Werke und Arbeiten, die am Bau des Reiches Gottes mitwirken. Manche dieser Werke und Personen leben ganz von den Spenden anderer und geben davon wiederum den Zehnten.

Zeit

Jesus sagt: „Wer ist unter euch, der seines Lebens Länge eine Spanne zusetzen könnte, wie sehr er sich auch darum sorgt?" (Mt. 6,27)

Zeit haben und Zeit schenken – das ist in unserer modernen, immer hektischer werdenden Welt sehr schwer. Als Christen haben wir zwar nicht mehr Zeit zur Verfügung als andere Menschen, aber wir können lernen, anders damit umzugehen. Wenn Paulus sagt: „Kauft die Zeit aus" (Kol. 4,5), meint er damit nicht, dass wir in die uns gegebene Zeit so viel wie möglich hineinstopfen sollen, sondern dass

> Als Christen haben wir zwar nicht mehr Zeit zur Verfügung als andere Menschen, aber wir können lernen, anders damit umzugehen.

wir das, was wir tun, zum *richtigen Zeitpunkt* tun sollen.

Die Zeit ist ein mir anvertrautes Gut. Ich darf mich nicht zu ihrem Sklaven machen und ich sollte sie auch nicht mit unnützen Dingen vergeuden. Wie aber kann ich lernen, meine Zeit auf sinnvolle Weise zu nutzen und einzuteilen?

Dazu gibt es für Christen eine wunderbare Hilfe: Nehmen Sie sich am Anfang jeden Tages etwas Zeit, die Sie nur Gott schenken. Eine Zeit, in der Sie in der Bibel lesen, mit Gott sprechen und den Tag und alles, was ansteht, vor ihm ausbreiten. Diese Zeit mit Gott kann Ihnen helfen, das Wichtige vom Unwichtigen zu unterscheiden. Schön ist es auch, wenn Sie das mit jemand anderem zusammen, Ihrem Partner vielleicht, tun können.

„Die erste Stunde ist das Steuer des Tages", sagte meinem Mann und mir einmal jemand. Deshalb nehmen wir uns morgens jeder für sich Zeit, in der Stille Gottes Wort zu lesen und uns in seinem Licht Gedanken über den Tag zu machen. Was uns an Gedanken kommt, schreiben wir auf, ebenso alles, was an praktischen Dingen zu tun ist. Wir treffen uns dann möglichst zum Gebet, tauschen uns aus, beten miteinander und genießen es, zu wissen, dass der andere in schwierigen Fragen hinter uns steht. Ich benutze für diese „Stille Zeit" ein Tempus-Zeitplanbuch, in dem auch die Losung und Lesung der Herrnhuter Brüdergemeine neben dem Kalendarium für den Tag eingeheftet sind.

Vielbeschäftigte Familienfrauen und Frauen mit einem anstrengenden Beruf werden es sicher schwer haben, sich eine längere Zeit für Gott frei zu halten. Aber es ist auch schon eine Hilfe, wenn ich mich in einer angespannten Situation einmal einen Moment lang still hinsetze und bete: „Gott, zeige mir bitte, was jetzt gerade das Wichtigste ist, was ich tun muss und was ich lassen kann!"

Der Kairos-Moment

Noch etwas ganz Wichtiges bekommen wir als Haushalter der Gaben Gottes in der Stille mit unserem Herrn geschenkt: den Blick für die *richtige* Stunde.

Eigentlich sollte man meinen, dass die eine Zeit so gut ist wie die andere, um bestimmte Dinge in Angriff zu nehmen. Doch dem ist nicht so. In der Bibel gibt es den Begriff „Kairos" – damit wird die rechte Zeit, die von Gott bestimmte Stunde bezeichnet. Sie muss erkannt und ausgenutzt werden.

> Noch etwas ganz Wichtiges bekommen wir als Haushalter der Gaben Gottes in der Stille mit unserem Herrn geschenkt: den Blick für die richtige Stunde.

Dann ist z. B. plötzlich die Tür zu einem Gespräch offen, in dem wir einem Menschen Christus näherbringen können, oder wir sind in der Lage, eine Aufgabe mit einem Minimum an Zeit- und Kraftaufwand zu meistern.

Eines Tages hörte ich, dass es mit einem sehr geschätzten entfernteren Vetter langsam zu Ende ginge. Ich fragte seine Frau am Telefon, ob sie miteinander darüber sprechen könnten. Sie sagte mir, dass sie das nicht schaffen würden. Ich bot an, zu Besuch zu kommen, was sie sehr begrüßte. Also fuhr ich dorthin und mein Vetter freute sich sehr, mich zu sehen. Ich sagte zu ihm: „Du weißt ja, wie gerne wir Dich haben. Darf ich dich fragen, ob Du weißt, wohin Dein Weg jetzt führt? Rechnest du damit, dass du in Gottes Herrlichkeit eingehst?" Er äußerte Zweifel, ob ihm dieser Weg offen stehen würde. Ich wusste, dass er eine sehr schwierige Vaterbeziehung gehabt hatte, und fragte ihn, ob er vielleicht noch Groll gegen seinen Vater im Herzen habe, der ihn jetzt von Gott trennt. Da wurde er betrübt und sagte: „Nein, so ist es nicht, aber es belastet mich, dass ich unsere Beziehung nicht mehr bereinigen konnte." Daraufhin fragte ich ihn, ob er sein Versäumnis vor Jesus bekennen und abladen wolle, dann könne Jesus ihn frei machen. Das nahm er gerne an, sprach es aus und ich konnte ihm die Vergebung zusprechen. Seine Frau und seine beiden Töchter waren dabei. Wir beteten dann noch gemeinsam für ihn und segneten ihn. Drei Wochen später war ich auf seiner Beisetzung, an der mich mehrere Freunde, die ihn noch besucht hatten, fragten: „Was hat du denn mit ihm gemacht? Er hat in den letzten Wochen so friedlich gewirkt!" Gott hatte einen Kairos-Moment geschenkt, in dem mein Vetter für ein lebensveränderndes Gespräch offen gewesen war.

In einem „Kairos-Moment" können gute und wichtige Entscheidungen reifen, die wiederum konkrete Handlungen hervorbringen. Wenn ich das tue, was Gott von mir erwartet und was er mir sozusagen zu einem bestimmten Zeitpunkt „vor die Füße legt", dann erfahre ich, wie die Zeit plötzlich ausreicht und mir noch Raum bleibt für Ruhe und Muße. Gott erwartet nicht von mir, dass ich gut viele Dinge zur gleichen Zeit erledigen kann, wie ich mir das manchmal einbilde, wenn ich meine Zeit eigenmächtig einteile.

Menschen, die uns anvertraut sind

Gute Gaben Gottes sind auch die Menschen, die er uns anvertraut hat. Ein Ehepartner z. B. ist eine Gabe Gottes an mich. Ich bin mit dafür verantwortlich, dass er in seinem Menschsein zur vollen Entfaltung kommen kann und dass er sich geliebt weiß. Ich kann natürlich versuchen, in

Gute Gaben Gottes sind auch die Menschen, die er uns anvertraut hat.

der Ehe allein meine Vorstellungen durchzusetzen. Besser für mich und meinen Partner ist es allerdings, wenn ich zu einer Atmosphäre beitrage, in der jeder einmal zu seinem Recht kommt und notwendige Kompromisse geschlossen werden können. Es ist wichtig, dass ich Gott für meinen Partner danke und nicht vergesse, meinem Partner Lob auszusprechen und ihn zu bestätigen.

Kinder sind die schönste und größte Gabe Gottes an Eltern. Wenn wir sie nicht als Eigentum oder stolzen Besitz sehen, eröffnet uns das die Chance, sie als eigenständige Persönlichkeiten wahrzunehmen und als solche anzuerkennen. Das fängt schon vor der Geburt an. Jedes Kind ist ein liebender Gedanke Gottes, den er uns anvertraut. Gott hilft mir dabei, von meinen egoistischen Vorstellungen für die Zukunft meiner Kinder frei zu werden und stattdessen ihre individuellen Gaben und Talente herauszufinden und bei ihrer Entwicklung zu helfen. Die Berufs- und Partnerwahl meiner Kinder ist in erster Linie ihre eigene Sache, ich habe dafür nicht die letzte Verantwortung. Wenn wir das Besitzrecht Gottes an unseren Kindern höher einstufen als das eigene, schenkt uns das Freiheit. Wir können die lähmende, ständige Angst um sie loslassen.

> Wenn wir das Besitzrecht Gottes an unseren Kindern höher einstufen als das eigene, schenkt uns das Freiheit.

Wir werden fähig, unsere Kinder an Gott zurückzugeben, sollten sie vor uns sterben.

Haushalter der guten Gaben Gottes zu sein befreit
Gott knechtet uns, seine Kinder, nicht. Das tun wir nur selbst durch unseren falschen Ehrgeiz oder weil wir auf nichts anderes als auf die eigene Kraft vertrauen wollen. Aber wir können das ändern und anfangen, anders zu leben. Nehmen wir uns ruhig einmal eine Stunde der Ruhe und durchdenken gemeinsam mit Gott unseren Lebensplan. Folgende Fragen können dazu helfen:

- Was ist mir am wichtigsten und wer?
- Wo schleppe ich Lasten mit mir herum, die zu schwer für mich sind?
- Was kann und will ich mit Gottes Hilfe ändern?
- Wo bin ich bisher Gott gegenüber undankbar gewesen?

Und denken wir immer daran: Wir haben einen Vater im Himmel, der gute Pläne für uns hat:

„Denn ich, ich kenne meine Pläne, die ich für euch habe, Pläne des Heils und nicht des Unheils; denn ich will euch eine Zukunft und eine Hoffnung geben." (Jer. 29,11)

IV. Vom Umgang mit
Trauer und Leid

Leidvolle Erfahrungen

Es gibt so viele Erfahrungen von Leid im Leben eines jeden Menschen, auch in meinem Leben. Eine sehr leidvolle Erfahrung ist z. B. der Verlust eines geliebten Menschen – die meisten von Ihnen werden das schon erlebt haben. Aber es gibt auch andere Arten von Leid: Enttäuschungen mit einem Kind, eine schwere Krankheit, schwierige Familienverhältnisse, eine Scheidung, schlimme Dinge, die uns zugefügt wurden, ausweglos erscheinende Situationen. Jeder von uns hätte aus seinem Leben sicher viel Schönes, aber auch viel Leidvolles zu berichten. Jeder von uns geht unterschiedlich mit Leid um, und jede schmerzhafte Situation ist anders gelagert. So ist es z. B. ein Unterschied, ob ich einen Menschen verliere, der schon ein langes Leben hinter sich hat, oder ob ich ein Kind an Gott zurückgeben muss.

Ich bin überzeugt davon, dass es aus Gottes Sicht kein unvollendetes Leben gibt.

Ich bin überzeugt davon, dass es aus Gottes Sicht kein unvollendetes Leben gibt, doch wir Menschen haben natürlich Probleme damit, wenn ein geliebter Angehöriger „vor der Zeit" stirbt.

Warum gerade ich?

Leid ist ein Bestandteil menschlichen Lebens. Keiner von uns bleibt davon unberührt. Manchmal denken wir vielleicht, dass wir von allem Leid verschont bleiben müssten, weil wir Christen sind. Aber auch Christen haben Leid zu tragen.

Warum gibt es so viel Leid auf der Welt?

Das ist eine häufig gestellte Frage. Persönlich formulieren wir es oft so: Warum muss gerade *ich* diesen Verlust, dieses Leid ertragen?

Aus meiner Kenntnis der Bibel und aus meiner persönlichen Erfahrung heraus kann ich nur sagen: Die Frage nach dem *Warum* führt zu nichts, denn nur Gott allein weiß die Antwort darauf. Ich denke, dass wir kein Recht haben, so zu fragen. *Gott* hat ein Recht, *uns* zu fragen, warum wir so und nicht anders leben und handeln. Wenn es uns gut geht, fragen wir ja auch nicht: Warum geht es gerade *mir* so gut?

Gott verursacht das Leid nicht, aber er lässt es zu. Nicht selten ist das Leid der Welt die Folge von falschen menschlichen Entscheidungen.

Wenn es uns persönlich trifft, fragen wir uns: Wa-

> Gott will uns durch das, was er uns auflegt, näher zu sich ziehen. Er will uns tiefer in seine Liebe und in das Vertrauen zu ihm hineinführen.

rum wurde ich so heimgesucht? In dem Wort „Heimsuchung" liegt auch schon eine mögliche Antwort: Gott will uns durch das, was er uns auflegt, näher zu sich ziehen. Er will uns tiefer in seine Liebe und in das Vertrauen zu ihm hineinführen. Leid kann, wenn ich es zulasse, dazu dienen, dass ich mich Gott ganz neu zuwende. Das erkenne ich oft aber erst hinterher. Wenn ich gerade mitten in einer leidvollen Erfahrung bin, wenn ich von Schmerz und Verzweiflung überwältigt bin, ist das schwer zu glauben.

Wie können wir mit Leid und Trauer umgehen?
Ich habe aus den Erfahrungen beim Tod unserer Kinder und anderer lieber Menschen einiges gelernt. Es ist gut und heilsam, wenn wir erst einmal unseren Gefühlen freien Lauf lassen, wenn wir unsere Trauer, unsere Enttäuschung und unseren Schmerz zulassen und äußern. Tränen sind ein Geschenk, das heilt. Hilfreich ist es auch, wenn man in der Familie oder auch mit guten Freunden über diese Gefühle sprechen kann. Sie gehören zu uns und dürfen nicht verdrängt werden. Wenn ich die Trauer verdränge,

werde ich umso länger damit zu tun haben. Ich darf und soll mein Leid klagen, auch vor Gott. Die Psalmen in der Bibel sind voll von Klagen, die Menschen ungefiltert vor Gott gebracht haben. Für mich war und ist es immer eine große Hilfe, sie zu lesen.

Im Judentum gibt es eine wertvolle Tradition, die dazu dient, einen guten Umgang mit dem Tod eines geliebten Menschen zu finden: das „Schiwa-Sitzen". Nach dem Begräbnis beginnt eine 7-tägige Periode, während der sich die Trauernden aus der täglichen Routine und dem Arbeitsleben verabschieden und sich ganz dem Gedenken an den Verstorbenen widmen. In dieser Woche bleiben die Trauernden im Haus des Verstorbenen beisammen und empfangen Besuch von Verwandten und Freunden. Man sitzt beieinander und spendet einander schon dadurch Trost, dass man den Schmerz zusammen aushält, ohne notwendigerweise viel zu reden.

> Man sitzt beieinander und spendet einander schon dadurch Trost, dass man den Schmerz zusammen aushält.

Ich lasse Gott Gott sein

Irgendwann kommt der Punkt, an dem man Gott Gott sein lässt und Ja zu dem sagt, was passiert ist, auch wenn es unendlich weh tut. Mir hat nach dem Tod unserer Kinder ein Gebet geholfen:

„Ja, Vater, es war Dein Wille, dass dies nun so und nicht anders geschehen ist. Du liebst unsere Kinder mehr, als wir das je könnten, sie waren und sind Deine Gabe, Deine Leihgabe. Du hast das Recht, sie zurückzuholen, wann Du es willst. Danke, dass wir sie haben durften. Danke für alle Freude über sie und an ihnen. Danke für das große Geschenk, das Du uns mit ihnen gemacht hast. Danke."

Ein Gebet wie dieses ist heilende Medizin. Natürlich wird man den verstorbenen Menschen lange vermissen. Doch die Wunde heilt nach und nach und schmerzt irgendwann nicht mehr. Obwohl ich unsere Kinder sehr vermisse, würde ich sie mir jetzt nicht mehr zurückwünschen. Ich weiß: Sie sind von allen unseren Kindern am besten aufgehoben. Sie sind bereits am Ziel und erwarten uns dort.

Ich vertraue Gott

Dass meine Kinder bei Gott gut aufgehoben sind, ist kein bloßes Wunschdenken. Der Boden für dieses Vertrauen zu Gott ist sehr real.

„Und ihr habt auch erlebt, wie der Herr, euer Gott, euch auf dem Weg durch die Wüste geholfen hat. Bis hierher hat er euch getragen wie ein Vater sein Kind." (5. Mo. 1,31)

Das, was Mose hier dem Volk Israel sagt, habe ich selbst

immer wieder erfahren. Gott trägt uns, auch wenn wir das zunächst inmitten unserer Gefühle des Zorns, der Verlassenheit und der Trauer nicht wahrnehmen. Gottes Liebe und Fürsorge für uns ist sehr real. Sie besteht in dem Angebot, Jesus als den Auferstandenen zu erleben. Den Jesus, von dem es im Hebräerbrief heißt: „Jesus Christus gestern und heute und derselbe auch in Ewigkeit." (Hebr. 13,8) Dass er wahrhaftig auferstanden ist, können wir zwar nicht verstehen, aber wir können es erfahren, indem wir sein großes Geschenk für uns annehmen: die Vergebung unserer Sünden.

Wut auf Gott ablegen

Manchmal rebellieren wir im Leid auch gegen Gott und sagen: „Warum hat Gott das zugelassen? Ich will nichts mehr mit einem Gott zu tun haben, der so etwas geschehen lässt!" Wenn wir uns so in Gedanken von Gott abwenden, ist das zwar zunächst verständlich, aber es bedarf dennoch der Vergebung.

Wir dürfen Gott um Vergebung für unsere Wut ihm gegenüber bitten und erfahren, dass wir Vergebung empfangen. Und wir dürfen selbst Menschen sein, die anderen gegenüber vergebungsbereit sind. „Vergib uns unsere Schuld, wie auch wir vergeben unsern Schuldigern" – das ist ein unlöslicher Zusammenhang. Wir können nicht für uns Vergebung erwarten, wenn wir nicht bereit werden, denen zu vergeben, die an *uns* schuldig geworden sind. Das In-Anspruch-Nehmen und Gewähren der Vergebung kann bei der Bewältigung von Leid eine große Hilfe sein.

Frei werden von unguten Bindungen an Verstorbene
So manchen Trauernden drückt eine große Schuld gegenüber einem Verstorbenen. Da sind verletzende Worte gefallen oder Taten geschehen, die man gerne wieder gutmachen würde, wenn man nur könnte. Man erkennt vielleicht, was man schuldig geblieben ist, und kann es nicht mehr ändern. Manch einer versucht dann, sich zu helfen, indem er dem Grab eine übergroße Sorgfalt widmet. Persönlich kenne ich viele Menschen, die dadurch noch an einen Verstorbenen gebunden sind, dass sie sich vor seinem Tod nicht mehr mit ihm versöhnen konnten. In diesen Fällen ist es hilfreich, mit einem anderen Menschen zusammen (laut) zu beten. Wenn mir der Verstorbene etwas schuldig geblieben ist, was ich ihm immer noch vorhalte, könnte das Gebet z. B. so lauten:

„Herr Jesus, ich danke Dir, dass Du uns vergeben hast und durch Deinen Tod und Deine Auferstehung Vergebung erst möglich geworden ist. Ich nehme das jetzt neu für mein Leben an. Und ich möchte auch ... alles vergeben, was er/sie mir schuldig geblieben ist: ... (An dieser Stelle ist es hilfreich, möglichst konkrete Dinge zu nennen) Ich vergebe ihm/ihr so, wie Du mir vergeben hast. Und ich löse mich jetzt von aller Anklage gegen ihn/sie und verabschiede mich für immer von ihm/ihr. Ich will mein Leben mit Dir leben, Jesus Christus. Amen."

Wen der Sohn frei macht, der ist wirklich frei (Joh. 8,36). Wir können alle unsere Lasten an sein Kreuz bringen. Dabei ist es eine wunderbare Hilfe, wenn wir das sehr konkret vor einem Zeugen tun und dann auch mit unseren eigenen Ohren von ihm hören dürfen: „Diese Deine Sünde ist Dir vergeben, niemand darf sie Dir mehr anrechnen in Zeit und Ewigkeit." Da entsteht Freiheit, da heilen innere Wunden, die lange geblutet haben, da beginnt neues Leben. Ewiges Leben.

Den Verstorbenen in Gottes Hände geben
Es ist eine große Hilfe für die Bewältigung unserer Trauer, wenn ich den geliebten verstorbenen Menschen im Gebet bewusst an Gott zurückgebe. Damit gestehe ich Gott zu, dass er Herr über Leben und Tod ist und das Leben und Sterben jedes Menschen in seiner Hand liegt: „Herr, erinnere mich daran, wie kurz mein Leben ist. Und dass meine Tage gezählt sind, damit ich erkenne, wie vergänglich mein Leben ist." (Ps. 39,5) Es ist ein Unterschied, ob ich meinen geliebten Verstorbenen nur im Grab „versenkt" oder ob ich ihn ganz bewusst im Gebet in die liebenden Arme Gottes

Es ist eine große Hilfe für die Bewältigung unserer Trauer, wenn ich den geliebten verstorbenen Menschen im Gebet bewusst an Gott zurückgebe.

gelegt habe. „Denn wo dein Schatz ist, da ist auch dein Herz.", sagt uns die Bibel im Matthäus-Evangelium (6,21). Ist mein Herz noch bei dem geliebten Menschen im Grab oder ist es bei Gott im ewigen Leben?

Das ewige Leben beginnt schon hier und jetzt, wenn wir Jesus die Herrschaft über unser Leben übergeben. „Leben wir, so leben wir dem Herrn; sterben wir, so sterben wir dem Herrn. Darum: wir leben oder sterben, so sind wir des Herrn." (Röm. 14,8)

Das ist die Wahrheit. Das ist die Realität. Je konkreter wir uns damit auseinandersetzen, desto furchtloser können wir auch auf das eigene Sterben zuleben.

V. Zwölf prägnante Tipps zur Neubelebung der Ehe

1. Empfange Deinen Mann als Geschenk aus Gottes Hand.
2. Entscheide Dich bewusst dazu, Deinen Mann zu ehren und zu respektieren. Bitte Gott um die Gnade dazu.
3. Lass zu, dass Gott dir seine Liebe für dich zeigt.
4. Danke Gott jeden Tag für Deinen Mann.
5. Lobe jeden Tag 5 positive Eigenschaften an deinem Mann. Lobe ihn mindestens 3-mal am Tag.
6. Vermeide Kritik.
7. Vergleiche ihn nicht mit anderen Männern.
8. Verzichte auf Ersatzbefriedigungen für entgangene Liebe.
9. Bekenne Gott jedes Selbstmitleid.
10. Gib das „Recht" auf:
    • zu kritisieren
    • auf deinem Recht zu bestehen
    • beleidigt zu sein
    • Deinen Mann zu strafen
    • Deinen Mann zu erziehen
    • Dich zu rächen

11. Wenn es zum Streit kam, bitte zuerst um Vergebung für Deinen Anteil am Streit.

12. Vergib von Herzen, so wie Jesus Dir vergeben hat und immer wieder vergibt.

(nach Maria L. Prean)

VI. Vergebung innerhalb der Familie

Vergebungsbereitschaft innerhalb der Familie – das ist ein weiteres wichtiges Thema – eines, das wohl jeden von uns in der einen oder anderen Weise betrifft. Ein Bereich, in dem es immer neu zu lernen gilt und in dem es immer wieder einen neuen Schritt zu tun gibt.

Wer von uns kann schon sagen: „Bei uns ist alles wunderbar und in Ordnung, wir sind eine ideale Familie"?

Ich lebe nun schon mehr als 50 Jahre mit dem Wissen um die verändernde und heilende Kraft der Vergebung, und dennoch gibt es immer wieder einen nächsten Schritt, den ich in diesem Bereich gehen muss.

Sich selbst prüfen

Sehr viele Menschen beklagen schwierige Verhältnisse in ihrer Familie und suchen nach Lösungen. Der wirksamste Ansatz ist, zunächst einmal bei sich selbst anzufangen und sich folgende Fragen zu stellen:

- Bin ich mit mir selbst versöhnt?
- Bin ich mit Gott versöhnt?
- Kann ich mich und meine Situation, meine Ehe, meine

Familie, meine Kinderlosigkeit, meine familiären Verhältnisse so annehmen, wie sie sind, oder bin ich in meinem Inneren zornig und wütend?

- Wer ist der Herr meines Lebens?
- Will ich alles selbst kontrollieren und in der Hand behalten?

Oder darf Jesus Christus der Herr sein und mir das an Liebe und Verständnis für meine Familienmitglieder geben, was ich aus eigener Kraft heraus nicht habe?

- Kann ich vergeben und verzeihen oder bin ich schnell „eingeschnappt"?
- Welche Rolle spiele ich in meiner Familie?
- Kann ich offen mit den anderen reden und meine Wünsche und Bedürfnisse so äußern, dass die anderen sie verstehen können? Oder fresse ich alles in mich hinein und werde bitter?

Sehr viele Menschen beklagen schwierige Verhältnisse in ihrer Familie und suchen nach Lösungen. Der wirksamste Ansatz ist, zunächst einmal bei sich selbst anzufangen.

Die Bibel zeigt uns den Weg zu einem versöhnten Leben, auch innerhalb des Familienkreises: „Ist's möglich, soviel an euch liegt, so habt mit allen Menschen Frieden." (Röm. 12,18)

- Habe ich alles getan, was *mir* möglich ist, um zu einem friedvollen Miteinander innerhalb der Familie beizutragen?
- Wo trage *ich* die Schuld an der gestörten Beziehung zu einem anderen Familienmitglied?
- Nehme ich den anderen so an, wie er ist, oder stehe ich ihm eher kritisch gegenüber?
- Achte ich ihn höher als mich selbst?

Dazu fordert uns die Bibel auf, auch wenn es natürlich eine Haltung ist, die uns ganz und gar nicht leichtfällt: „Tut nichts aus Eigennutz oder um eitler Ehre willen, sondern in Demut achte einer den andern höher als sich selbst ..." (Phil. 2,3)

Eigenes Versagen zugeben

Auf einer Tagung, an der wir zusammen teilnahmen, erfuhr ich von einer meiner Töchter, dass sie sich durch eine von mir eigentlich nur scherzhaft gemeinte Äußerung eingeengt fühlte. Unsere ältesten Kinder sind Zwillinge, und da es damals noch keine so gute Vorsorge gab wie heute, wusste ich bis zur Geburt nicht, dass ich gleich zwei Kinder erwarte. Da habe ich dann einmal zu meiner Zwillingstochter gesagt, dass ich ja nur 15 Minuten Zeit hatte, um mich auf sie zu freuen. Das hatte sie so aufgefasst, als wenn sie mir zu viel gewesen sei und weniger erwünscht als ihre Schwester. Ich habe sie um Vergebung gebeten für meine unbedachte Äußerung und mit ihr Fotos angesehen, die zeigten, wie stolz wir damals auf unsere beiden Töchter waren und natürlich immer noch sind. Dieses Beispiel hat mir gezeigt, wie leicht wir als Eltern mit unbedachten Worten unsere Kinder verletzen können.

Den anderen freilassen
Manchmal halten wir unsere Familienmitglieder „gefangen" – mit unseren Ansprüchen, Erwartungen, Schuldzuweisungen, Bitterkeit, ständiger Kritik und vielem mehr. Als Nachfolger Christi sind wir jedoch dazu berufen, Menschen in die Freiheit zu führen und ihnen Freiheit zu gewähren – natürlich auch unseren Kindern, Schwiegerkindern, Eltern, Schwiegereltern, ...

Der Prophet Jesaja hat einmal gesagt: „Löst die Fesseln der Menschen, die ihr zu Unrecht gefangen haltet, befreit sie vom drückenden Joch der Sklaverei, und gebt ihnen ihre Freiheit wieder!" (Jes. 58,6)

Können die anderen in der Familie neben mir zur Entfaltung kommen? Helfe ich ihnen aktiv, ihre von Gott gegebenen Gaben zu entwickeln? Kann ich Lob annehmen und auch austeilen?

Belastete Beziehungen bereinigen

Was kann ich tun, wenn handfeste Dinge zwischen mir und einem anderen Familienmitglied stehen, die auf mein eigenes Fehlverhalten zurückgehen?

Ein Neffe von uns lernte in der Schule seine Freundin kennen, die wir und seine Eltern damals nicht als seine spätere Ehefrau gutheißen konnten. Deshalb luden wir sie nie ein und verhielten uns ihr gegenüber ablehnend. Später hat er sich dann mit ihr verlobt und sie kamen uns besuchen. Da waren wir natürlich verlegen, haben dann aber gleich zu ihr gesagt: „Du hast ja sicher gemerkt, dass wir Dich abgelehnt haben. Dafür wollen wir uns entschuldigen. Wir bitten Dich um Vergebung." Sie hat es uns verziehen und ich habe jetzt ein besonders gutes Verhältnis zu ihr.

Eigene Verletzungen wahrnehmen

Manchmal geben wir das, was wir selbst als negativ erlebt haben, was uns angetan wurde, unbewusst und ungewollt an unsere Kinder weiter. Wir verletzen dann selbst unsere nächsten Angehörigen, weil wir nicht anders können, weil wir selbst verletzt worden sind. Um das zu vermeiden, ist es hilfreich, die eigene Lebensgeschichte einmal näher zu betrachten:

- Wie bin ich durch meine Herkunftsfamilie geprägt?
- Habe ich Vater und Mutter wirklich verlassen, um ganz für meine eigene Familie da zu sein?
- Habe ich in meiner Kindheit Anerkennung und Wertschätzung erlebt?
- Habe ich mich geliebt gewusst, oder habe ich aus meiner Kindheit einen Mangel mit in meine Ehe gebracht?
- Leide ich an Verletzungen durch frühe Bezugspersonen, die noch der Heilung bedürfen?

> Wenn wir erwarten, dass der Partner unsere Defizite ausgleicht und unserem Mangel Abhilfe schafft, kann das nur schiefgehen. So etwas kann kein Partner leisten.

Wenn wir erwarten, dass der Partner unsere Defizite ausgleicht und unserem Mangel Abhilfe schafft, kann das nur schiefgehen. So etwas kann kein Partner leisten. Das kann nur Gott. Er gibt uns Kraft zu vergeben. Wir werden frei, unser eigenes Leben zu leben, ohne die Belastungen und Bindungen der Vergangenheit – ein Leben unter der guten Leitung Gottes durch seinen Heiligen Geist in uns.

VII. Vorbereitung auf das Sterben ist Hilfe zum Leben

Jedem von uns ist deutlich, dass der Tod das unausweichliche Ende unseres Lebens ist. Doch keiner von uns weiß, wann er durch dieses Tor hindurchgehen muss. Es kann jeden von uns in jeder Sekunde unseres Lebens treffen.

Sie alle werden sich an Todesnachrichten erinnern, die uns durch ihre Unerwartetheit und ihre Plötzlichkeit sehr erschüttert haben: Autounfälle, plötzlicher Kindstod, aber auch, dass Menschen im Schlaf heimgerufen wurden.

In den Psalmen der Bibel heißt es: „Lehre uns bedenken, dass wir sterben müssen, auf dass wir klug werden." (Ps. 90,12)

Was kann das konkret für unser Leben bedeuten?

Ist der Tod für uns nur eine furchtbare Tatsache, die wir so schnell wie möglich wegschieben und verdrängen, oder kann das Wissen um die eigene Endlichkeit eine Hilfe für unser Leben sein? Ich möchte dieses Thema mit Ihnen unter verschiedenen Gesichtspunkten betrachten:

Umgang mit der Zeit

Zeit ist eine Gabe Gottes. Das wird uns deutlich, wenn wir uns damit konfrontieren, dass wir nicht unbegrenzt viel davon zur Verfügung haben. Eine hilfreiche Frage in diesem Zusammenhang ist z. B.: „Was würde ich heute noch tun, wenn ich wüsste, dass ich morgen sterben werde?" Mein Mann und ich stellen uns diese Frage immer, bevor wir auf eine größere Reise gehen.

Durch das Leben mit dem Gedanken an die eigene Sterblichkeit können wir einüben, unsere Zeit nicht zu verschwenden. Wir lernen, sie sinnvoll zu nutzen und in der Stille mit Gott herauszufinden, was an jedem neuen Tag das Wichtigste ist, was „dran" ist. Ich selbst versuche z. B., zu Terminen und Einladungen pünktlich zu kommen und meinem jeweiligen Gegenüber keine Zeit mit unnötigem Geschwätz zu stehlen.

Probieren Sie nicht ständig, verschiedene Dinge zur gleichen Zeit erledigen zu wollen. Planen Sie in Ihren Alltag auch Zeit für Muße und Entspannung ein. Ausreichend Schlaf ist eine gute Investition in unsere Zeit, da wir dann frisch und gestärkt in den Tag starten können.

Überprüfen Sie auch Ihre Fernsehgewohnheiten. Ich habe festgestellt, dass der Fernseher ein gefährlicher Zeitfresser sein kann. In diesem Bereich muss ich meine Gewohnheiten immer mal wieder in Frage stellen.

Zeit ist ein mir anvertrautes Gut. Ich sollte sie nicht verschwenden, aber ich darf mir auch Zeit gönnen und sie mit Dankbarkeit als etwas Kostbares genießen.

Umgang mit meinen Nächsten
Es kann eine große Hilfe sein, wenn ich meine Nächsten einmal unter dem Gesichtspunkt betrachte, dass ich nicht unendlich viel Zeit habe, ihnen zu begegnen und Beziehungen ins Reine zu bringen.

„Zürnt ihr, so sündigt nicht; lasst die Sonne nicht über eurem Zorn untergehen." (Eph. 4,26) – Das ist eine gute alte Weisheit, die wir beherzigen sollten. Ein ungeklärtes Verhältnis zu einem anderen Menschen kann auf dem Sterbebett zu einer großen Last werden. Dem können wir vorbeugen, wenn wir zur richtigen Zeit einen guten, klärenden Brief schreiben oder jemanden besuchen, um die Beziehung in Ordnung zu bringen. Am wichtigsten werden Gespräche in der eigenen Familie sein. Versöhnte Beziehungen sind eine wichtige Vorbereitung auf unser Sterben, aber auch die größte Freude für das Leben.

> Versöhnte Beziehungen sind eine wichtige Vorbereitung auf unser Sterben, aber auch die größte Freude für das Leben.

Umgang mit Besitz

Im Evangelium des Matthäus heißt es:

„Ihr sollt euch nicht Schätze sammeln auf Erden, wo sie die Motten und der Rost fressen und wo die Diebe einbrechen und stehlen. Sammelt euch aber Schätze im Himmel, wo sie weder Motten noch Rost fressen und wo die Diebe nicht einbrechen und stehlen. Denn wo dein Schatz ist, da ist auch dein Herz." (Mt. 6,19-21)

Es ist gut, beizeiten das richtige Verhältnis zu unseren Gütern und Gaben einzuüben. Je mehr ich an meinem Besitz hänge, desto schwerer wird es mir fallen zu sterben, weil ich ja auf jeden Fall alles zurücklassen muss. „Das letzte Hemd hat keine Taschen", sagt man, und es stimmt. Die wenigsten von uns würden sicher sagen, dass es ihr Hauptziel im Leben ist, möglichst viel Vermögen anzuhäufen. Aber wer von uns sammelt nicht irgendwelche „Schätze", und das meiste davon ist, wenn wir einmal ehrlich sind, Plunder, den wir nicht wirklich brauchen. Wer einmal einen Haushalt aufzulösen hatte, wird wissen, wovon ich spreche. Was kommt da nicht alles zum Vorschein – vergilbt, verstaubt, von Motten angenagt und nicht mehr viel wert. Warum belasten wir uns damit?

> Einübung ins Loslassen und Sterben fängt mit dem Entrümpeln an, dem Wegwerfen und Fortschaffen von allem, was doch nur Ballast ist.

Einübung ins Loslassen und Sterben fängt mit dem Entrümpeln an, dem Wegwerfen und Fortschaffen von allem, was doch nur Ballast ist. In einem alten Buch über die Vorbereitung auf das Sterben fand ich die Anregung, alle fünf Jahre eine große „Razzia" im eigenen Haus zu veranstalten und sich von allem zu trennen, was keinen besonderen Nutzen mehr hat. Dabei ist es gut, sich vorzustellen, man selbst wäre der Verwandte, dem diese Aufgabe nach meinem Tod zufallen würde.

Wir müssen ja nicht alles wegwerfen, sondern können gut erhaltene und noch wertvolle Sachen verschenken – auch das ist eine Form des Sich-Befreiens. Wo können wir anderen noch eine Freude mit dem machen, von dem wir uns trennen wollen? Meine Großmutter hat uns Enkeln Vieles geschenkt, sie hat es uns mit „warmer Hand", also noch zu ihren Lebzeiten, vererbt. Das war für uns und auch für sie selbst eine große Freude. Es bleibt am Ende immer noch genug übrig für den eigenen Bedarf, und den Rest kann man dann mit dem Testament vermachen.

> Wo können wir anderen noch eine Freude mit dem machen, von dem wir uns trennen wollen?

Frei werden von uns selbst

Als Johannes der Täufer nach seinem Verhältnis zu Jesus gefragt wurde, hat er gesagt: „Er muss wachsen, ich aber muss abnehmen." (Joh. 3,30)

> So wichtig, wie wir dachten, sind wir eigentlich gar nicht. Wenn wir mal eine Weile nicht verfügbar sind, dreht sich die Welt trotzdem weiter.

Das Freiwerden von uns selbst ist eine schwierige, aber wichtige Aufgabe, bei der wir immer auf dem Weg bleiben und die, solange wir leben, nie abgeschlossen sein wird. Manchmal können wir durch eine Krankheitserfahrung unfreiwillig zu der Erkenntnis kommen: So wichtig, wie wir dachten, sind wir eigentlich gar nicht. Wenn wir mal eine Weile nicht verfügbar sind, dreht sich die Welt trotzdem weiter.

Es ist eine wichtige Vorübung für ein friedvolles Sterben, wenn ich beizeiten gelernt habe, mich auch von anderen vertreten zu lassen. Wenn ich dabei zusehen kann, wie andere das tun, von dem ich eigentlich gedacht hatte, dass nur *ich* es richtig machen kann. Das ist nicht nur ein Problem von Managern, sondern z. B. auch etwas, was jeder passionierten Hausfrau und Familienfrau schwerfällt. Doch es ist Teil des notwendigen Prozesses des Loslassens.

Zu diesem „Freiwerden" gehört auch, dass wir uns nicht

ungefragt in die Angelegenheiten anderer einmischen, dass wir unsere Mitmenschen bewusst für ihre Leistungen loben, ihnen Anerkennung zollen, ihnen etwas zutrauen. Wenn wir dankbar die Gaben und Möglichkeiten anderer sehen und schätzen lernen, schenkt uns das Freiheit und entlastet uns. Das trifft natürlich auch auf unsere eigenen Kinder zu. Wenn sie langsam erwachsen werden, müssen wir ihnen zugestehen, ihre eigenen Entscheidungen zu treffen, Erfahrungen und Fehler zu machen. Wir können sie sowieso nicht so formen, wie wir uns das manchmal denken. Aber wir können dafür beten, dass Gott sie führt und in ihrer Entwicklung begleitet.

Meine Beziehung zu Gott
Die äußeren Dinge in Ordnung zu bringen, das ist eine gute Vorbereitung auf den Tod und macht das Leben reicher und lebenswerter. Das Wichtigste ist aber, dass ich mir über meine Beziehung zu Gott im Klaren bin. Mein Glaube an ihn, meine Beziehung mit ihm wird in der Stunde meines Todes die einzige Brücke sein, die von diesem Leben in das neue Leben bei Gott

> Mein Glaube an ihn, meine Beziehung mit ihm wird in der Stunde meines Todes die einzige Brücke sein, die von diesem Leben in das neue Leben bei Gott hinüberreicht.

hinüberreicht. Wenn ich mich in meinem Leben und in den „gesunden" Tagen wenig mit dem Glauben an Gott beschäftigt habe, wird es schwer werden, durch ihn Kraft und Hilfe zu bekommen, wenn meine Kräfte nachlassen und ich in Angst und Not bin.

Jesus sagt uns: „Ich bin der Weg und die Wahrheit und das Leben; niemand kommt zum Vater denn durch mich." (Joh. 14,6) Christus ist die einzige Wirklichkeit, die in diesem Leben und im ewigen Leben dieselbe ist. Ihm können wir uns hier und jetzt und auch in der Ewigkeit anvertrauen.

Andere auf ihrem letzten Weg begleiten
Wenn ich im Frieden mit Gott und versöhnt mit meinem Nächsten lebe, werde ich auch in Frieden sterben können.

Habe ich erst einmal eine gesunde Einstellung zu meinem eigenen Lebensende gefunden, werde ich auch ein guter Sterbebegleiter für andere sein. Ich werde ohne Scheu über das Sterben und die Vorbereitung darauf reden können und brauche den Fragen eines Sterbenden nicht auszuweichen. Gerade schwerkranke Menschen sind meist sehr offen für Gespräche über den Glauben. Sie sind offen dafür, zu erkennen, dass allein Jesus vertrauenswürdig ist – mitten im Leben wie auch im Sterben. Es ist derselbe Jesus, auf dessen Namen sie meist noch getauft sind und auf den sie jetzt neu ihr Vertrauen setzen können. Viele sind auch willens und dazu in der Lage, in einem kleinen Satz Jesus dieses Vertrauen auszusprechen. Dann gilt auch für sie: „Wer nun mich bekennt vor den Menschen, den will ich auch bekennen vor meinem himmlischen Vater." (Mt. 10,32)

Ich habe den Prozess des Sterbens schon bei verschiedenen Menschen aus meiner näheren und weiterer Verwandtschaft erleben können. Das hat mir geholfen, weniger Angst vor dem eigenen Tod zu haben. Ich habe gesehen, wie die Sterbenden durch Gebete getragen und wie sie befähigt wurden, den Willen Gottes für sie zu akzeptieren. Ich bin mir sicher, dass ich diesen Menschen in der Ewigkeit wieder begegnen werde.

Keine Angst vor dem Tod
Sterben müssen wir alle, und oft ist der Weg dahin sehr mühsam. Aber dann geht die Tür zur Herrlichkeit Gottes auf und wir werden Jesus sehen, der uns dort erwartet. Er ist der Schlüssel für das Gelingen unseres Lebens. Deshalb ist es gut, wenn wir ihn als unseren Herren angenommen

haben und zu ihm gehören in Zeit und Ewigkeit. Paulus ermutigt uns im Hinblick auf die Frage: „Was kommt nach dem Tod?":

„Wir wollen euch aber, liebe Geschwister, nicht im Ungewissen lassen über die, die entschlafen sind, damit ihr nicht traurig seid wie die andern, die keine Hoffnung haben. Denn wenn wir glauben, dass Jesus gestorben und auferstanden ist, so wird Gott auch die, die entschlafen sind, durch Jesus mit ihm einherführen." (1. Thess. 4,13)

In Christus bekommen wir Anteil am ewigen Leben. Er ist der Einzige, der das Reich des Todes durchschritten hat und auferstanden ist. Er hat dem Tod ein für alle Mal die Macht genommen und bietet uns an, dies selbst in unserem Herzen und unserem Leben zu erfahren. Er möchte uns seine Auferstehungskraft geben, im Leben wie im Sterben.

VIII. Botschafter der Versöhnung werden – auch zwischen Völkern

Die Möglichkeit der Vergebung, die Christus gewirkt hat, besitzt eine weltverändernde Kraft.

Vergebung entfaltet ihre Kraft in konzentrischen Kreisen

- Zunächst empfange ich persönlich für meine Schuld die Vergebung Gottes. Das wird in der Beichte konkret. Ich erinnere mich noch genau, wie ich nach meiner ersten Beichte ganz erfüllt war von dem Erstaunen, wie real die Liebe Gottes ist und wie persönlich er sich mir zeigt. „Und wir haben erkannt und geglaubt die Liebe, die Gott zu uns hat. Gott ist die Liebe; und wer in der Liebe bleibt, der bleibt in Gott und Gott in ihm", beschreibt Johannes dieses Erstaunen (1. Joh. 4,16).

- Aus dieser erfahrenen Gottesliebe durch die Vergebung kommt dann als nächster Schritt die Liebe zu meinen Nächsten: „Wenn jemand spricht: Ich liebe Gott, und hasst seinen Bruder, der ist ein Lügner. Denn wer seinen Bruder nicht liebt, den er sieht, der kann nicht Gott lieben, den er nicht sieht. Und dies Gebot haben wir von ihm, dass, wer Gott liebt, dass der auch seinen Bruder liebe." (1. Joh. 4,20f.)

- Ein nächster Schritt könnte sein, dass Gott uns schwerpunktmäßig in einen „Dienst der Versöhnung" hineinruft. Das, was wir selbst empfangen haben, dürfen wir weitergeben und vielleicht sogar an der Verständigung und Versöhnung zwischen Völkern mitwirken.

Versöhnung mit dem jüdischen Volk

Als im Mai 1993 in unserer Kreisstadt Kitzingen das restaurierte Synagogengebäude wieder eröffnet wurde, kamen ehemalige jüdische Einwohner zu Besuch, die wir zum Mittagessen zu uns einluden. Da meine Familie und die Familie meines Mannes früher durch eine eher distanzierte Haltung gegenüber jüdischen Menschen geprägt war, wurde uns klar, dass wir diese Gruppe nicht wie sonst üblich begrüßen konnten. So baten wir sie zunächst stellvertretend für unsere Familie dafür um Vergebung, dass vom Schloss in Castell in den Jahren der Deportation und Vernichtung kein Bedauern geäußert und keine Hilfe gegeben worden war. Diese Bitte um Vergebung wurde von unse-

> Das, was wir selbst empfangen haben, dürfen wir weitergeben und vielleicht sogar an der Verständigung und Versöhnung zwischen Völkern mitwirken.

ren jüdischen Besuchern sehr bewegt aufgenommen. Eine Frau begann zu weinen und sagte, dass sie nun zum ersten Mal Tränen über das Unrecht vergießen könne, das ihrer Familie angetan wurde. Es entstand eine offene, herzliche Atmosphäre. Mit einer der Familien, die bei uns zu Besuch waren, verbindet uns seitdem eine enge Freundschaft. Und wir selbst können jüdischen Menschen nun ganz anders begegnen. In den vergangenen Jahren sind wir oft in Israel zu Gast gewesen, dem Land, dem wir die Bibel verdanken und unseren besten Freund, Jesus Christus. Im Jahr 2001 initiierte mein Mann eine Reise offizieller Vertreter aus 50 deutschen Städten, Dörfern und Kirchengemeinden zur Holocaust-Gedenkstätte „Yad Vashem", um dort zur Versöhnung mit dem jüdischen Volk beizutragen. 2005 konnten wir zusammen mit dem „Deutschen Freundeskreis von Yad Vashem" der Neueröffnung der Holocaustgedenkstätte in Jerusalem beiwohnen.

Versöhnung mit anderen Opfern des Krieges
In uns kam der Wunsch auf, im Jahr 1995, fünfzig Jahre nach Kriegsende, etwas zur Versöhnung mit den Ländern beizutragen, mit denen Deutschland Krieg geführt hatte. Mein Mann organisierte zusammen mit Pfarrer Friedrich Aschoff und anderen Freunden im Rahmen der „Aktion Versöhnungs-Wege" Reisen in 23 Länder in Europa, da-

runter Frankreich und Polen, die Ukraine und Russland, Griechenland, Italien, Dänemark, die Niederlande, England und Norwegen, außerdem Tschechien und Ungarn, Bosnien, Kroatien und die baltischen Staaten. Gruppen von Christen besuchten vor Ort jeweils Ansprechpartner, denen sie die Bitte um Vergebung für das, was durch Deutsche in diesen Ländern an Schrecklichem getan worden war, aussprechen konnten. Das waren an sich keine großen Ereignisse, aber wer daran beteiligt war, konnte erleben, welche versöhnende Kraft durch die Bitte um Vergebung frei wurde.

Beim Besuch im griechischen Dorf *Distomo* z. B., in dem im Juni 1944 durch einen SS-Verband 218 meist alte Menschen, Frauen, Kinder und Säuglinge grausam niedergemetzelt wurden, sagten alte griechische Frauen: „Wir können ja gar nicht anders, als euch zu vergeben, weil uns sonst selber nicht vergeben wird. So beten wir es doch immer im Vaterunser." Auch an vielen anderen Orten wurde unsere Bitte um Vergebung spontan positiv aufgenommen und erwidert.

> Wo Vergebung gewährt und Versöhnung konkret erfahren wird, hat das immer positive Auswirkungen.

So kamen Christen im Jahr 2001 mit der „Aktion Versöhnungs-Wege" auch nach *Oradour* in Frankreich. Das Dorf Oradour-sur-Glane in der Nähe von Limoges erlebte im Juni 1944 ein großes Massaker durch SS-Truppen, bei dem 642 Einwohner ermordet wurden. Frauen und Kinder wurden in die Kirche des Dorfes getrieben, die daraufhin angezündet wurde, und die Männer wurden erschossen. Lediglich sechs Menschen entkamen dem Inferno.

Wo Vergebung gewährt und Versöhnung konkret erfahren wird, hat das immer positive Auswirkungen. Das wurde u. a. erlebbar im Rahmen eines Gottesdienstes während des ökumenischen Kirchentages in Berlin im Jahr 2003. Eine hochrangige Abordnung russischer Christen aus Wolgograd (früher Stalingrad) bat uns Deutsche um Vergebung für die Sünden der Roten Armee im Zweiten Weltkrieg. Dieses außergewöhnliche Ereignis war sicher auch eine Frucht der Reise deutscher Christen nach Wolgograd, die dort zuvor unter den verschiedenen Konfessionen um Vergebung für die deutsche Kriegsschuld gebeten hatten.

Die tief empfundene Bitte um Vergebung entwickelt eine ungeahnte Dynamik. Gott erbarmt sich über uns und unser Land und wir dürfen wieder ein Segen für andere

> Die tief empfundene Bitte um Vergebung entwickelt eine ungeahnte Dynamik. Gott erbarmt sich über uns und unser Land und wir dürfen wieder ein Segen für andere Völker sein.

Völker sein. Im 2. Buch der Chronik heißt es: „Wenn mein Volk, über das mein Name genannt ist, sich demütigt, dass sie beten und mein Angesicht suchen und sich von ihren bösen Wegen bekehren, so will ich vom Himmel her hören und ihre Sünde vergeben und ihr Land heilen." (2. Chr. 7,14)

Vergebung ist eine Macht

In der Süddeutschen Zeitung las ich eines Tages einen Artikel über Eva Mozez Kor. Sie war mit ihrer Zwillingsschwester Miriam den Versuchen von Dr. Mengele im Konzentrationslager Auschwitz-Birkenau ausgesetzt gewesen. Beide wurden vorsätzlich vergiftet und sollten eigentlich sterben. Wie durch ein Wunder überlebten sie, doch Evas Schwester starb Jahre später an den Folgen der Versuche. Eva Kor hat sich immer als Opfer gefühlt und wollte diese Last loswerden. Da hat sie sich ganz von selbst für die Vergebung entschieden. Sie hat sich mit einem der früheren SS-Ärzte von Auschwitz getroffen und später öffentlich ausgesprochen, dass sie Dr. Mengele und allen Nationalsozialisten vergebe. Das hat ihr von Seiten anderer jüdischer Opfer viel Unverständnis eingebracht. Aber sie

> Das Gute an dem Heilmittel Vergebung sei, dass es keine Nebenwirkungen hat. Jeder kann es sich leisten.

bleibt dabei, spricht darüber, fühlt sich geheilt und befreit. Vergebung sei eine Macht, sagt sie, und ein Heilmittel. Das Gute an dem Heilmittel Vergebung sei, dass es keine Nebenwirkungen hat. Jeder kann es sich leisten.

Jeder ist zum Botschafter der Versöhnung berufen
Jeder von uns hat den Auftrag, ein Mann oder eine Frau der Versöhnung zu sein bzw. zu werden. Gott hat in Jesus Christus alle Voraussetzungen dafür geschaffen. In der Kraft des Heiligen Geistes, den er uns schenkt, können wir auf dem Weg der Versöhnung gehen und Brücken bauen – von Mensch zu Mensch und von Volk zu Volk. Dabei können wir darauf vertrauen:

„Der in euch angefangen hat das gute Werk, der wird's auch vollenden bis an den Tag Christi Jesu." (Phil. 1,6)

IX. Auch im Alter
bei Gott geborgen sein

Jeder von uns sehnt sich nach einem behüteten Leben. Die verlässlichste Geborgenheit ist aber nicht die bei Menschen, sondern die in Gottes Hand. Die Entscheidung für ein Leben mit Jesus Christus ist der Schlüssel, der uns diese Dimension der Geborgenheit erschließt. Sich geborgen zu fühlen, das hat immer auch mit einem versöhnten Leben zu tun.

Was hindert uns möglicherweise daran, die Geborgenheit in Gottes Hand zu erleben?
Manche ältere Menschen „versauern" sich selbst und ihrer Umgebung das Leben mit ständigen Selbstvorwürfen. Sie sind mit sich und ihrem Leben überhaupt nicht zufrieden. Ihre Gedanken kreisen ständig um dieselben alten Probleme. Das kann sich ändern, wenn diese Gedanken einmal vor einem Seelsorger offengelegt und mit ihm besprochen werden. Liegt den Selbstvorwürfen tatsächliche eigene Schuld zugrunde, kann diese in der Beichte bekannt werden. Neue

> Die verlässlichste Geborgenheit ist aber nicht die bei Menschen, sondern die in Gottes Hand.

Freiheit für die Beziehung zu anderen Menschen und in der Beziehung zu Gott entsteht. Wir können nun die Geborgenheit in Gottes Nähe ganz neu oder vielleicht zum ersten Mal genießen.

Meiner Erfahrung nach leiden viele ältere Männer, die selbst noch im Krieg waren, heute noch unter den schrecklichen Erlebnissen von damals. Manche fühlen sich schuldig wegen der Dinge, die sie im Krieg getan haben und die sie heute bereuen. Auch in diesen Fällen kann Beichte und Gebet eine große Entlastung bringen. Das sollte nicht erst auf dem Sterbebett geschehen.

Es gibt manche Wunden, die die Zeit heilt, aber wenn Ereignisse, die lange zurückliegen, uns immer noch verstörend und als Last vor die Augen kommen, kann ich nur raten, seelsorgerliche Hilfe zu suchen.

Natürlich gibt es auch im Leben von Frauen Lasten, die wir oft lange mit uns herumschleppen, die uns traurig, ja sogar depressiv machen. Manche dieser Lasten haben uns andere auferlegt, manche haben wir uns selbst durch eigenes Fehlverhalten aufgeladen. Die Erfahrung der Vergebung – Verge-

Mit Gottes Hilfe kann für uns, egal in welchem Alter, noch einmal ein ganz neuer Lebensabschnitt anfangen, in dem wir aus der Geborgenheit bei Gott heraus leben können.

bung, die wir anderen gewähren oder die uns selbst gewährt wird – macht uns frei und ist ein großes Geschenk. Mit Gottes Hilfe kann für uns, egal in welchem Alter, noch einmal ein ganz neuer Lebensabschnitt anfangen, in dem wir aus der Geborgenheit bei Gott heraus leben können.

Geborgenheit und Akzeptanz inmitten der jüngeren Generation

Unsere wichtigste Aufgabe als ältere Menschen ist das Loslassen, das Lieben, das treue Gebet für unsere Familien und die Dankbarkeit für alles, was das Leben uns gab. Dankbare, zufriedene ältere Menschen werden von ihrer Umgebung, ihren Familien und Freunden eher zu Rate gezogen und geliebt als bitter gewordene Griesgrame. Wenn ich von niemandem mehr eingeladen werde, sollte ich mich auch einmal fragen, ob es vielleicht an mir liegt – daran z. B., dass ich immer eine Rolle spiele oder dass ich immer das letzte Wort behalten will.

Natürlich ist es wichtig, dass ich als älterer Mensch noch mein eigenes Leben habe und gestalte und nicht nur am Leben der Jüngeren teilnehmen will. Es ist schön und befriedigend, im Alter eigenen Interessen nachzugehen oder sie sogar ganz neu auszubilden. Dann bin ich auch interessant für die jüngere Generation. Wenn wir neugierig bleiben, viel lesen, uns interessieren, Fragen stellen ... – dann erhält uns das jung im Geist, und das werden mit der Zeit auch die jüngeren Leute an uns schätzen lernen.

Ein gesegnetes Alter erleben
Älter werden ist eine gute neue Phase des Lebens – sofern wir nicht ständig jammern, sondern uns entschließen, das, was uns bleibt, mit Dankbarkeit zu genießen. Gott will uns in jeder Lebenslage und in jedem Alter seine Geborgenheit schenken. Er ist immer für uns da:

„Auch bis in euer Alter bin ich derselbe, und ich will euch tragen, bis ihr grau werdet. Ich habe es getan; ich will heben und tragen und erretten." (Jes. 46,4)

„Gesegnetes Alter", heißt es oft. Und das stimmt auch. Wir sind von Gott gesegnet und dürfen und sollen auch als ältere Menschen ein Segen für andere sein. Das, was Gott Abraham vor so langer Zeit versprochen hat, gilt auch für uns:

„Ich will dich segnen und Du sollst ein Segen sein." (1. Mo. 12,2)

Gebet

Lieber Vater im Himmel,
wir danken Dir für unser Leben.
Du hast es uns gegeben, und Du wirst es zu Deiner
Zeit beenden.
Danke, dass Du Deinen Sohn Jesus
in diese Welt geschickt hast,
damit er durch sein Leiden und Sterben
unsere Schuld auf sich nimmt.
Danke, dass Du uns dadurch ermöglichst,
im Frieden zu leben und zu sterben.
Vergib uns, wo wir dieses große Geschenk
von Dir nicht geehrt haben.
Ich nehme dieses Geschenk heute neu für mich an.
Vergib mir meine Schuld, so wie ich bereit bin,
denen zu vergeben, die an mir schuldig
geworden sind.
Dein Friede, der höher ist als alle Vernunft,
bewahre unsere Herzen und Sinne in Jesus Christus,
unserem Herrn.
Amen.

Nachwort

Dieses Buch ist aus Vorträgen bei Frauenfrühstückstreffen hervorgegangen, die ich während vieler Jahre gehalten habe. Den Mut, mit Vorträgen auf Frauenfrühstückstreffen zu starten, verdanke ich Maria L. Prean. Wir haben durch sie und ihren Mann Herbert die entscheidenden Impulse dafür bekommen, frei über unseren Glauben zu sprechen. Sie leitet jetzt ein größeres Missionswerk in Uganda, „Vision für Afrika", eine international tätige Organisation, die armen Kindern eine Ausbildung ermöglicht und ihnen Hoffnung für ihre Zukunft gibt.

Frau Steffi Baltes danke ich sehr für den Impuls und die Arbeit für dieses Buch.

Weitere Buchtipps

Marie-Sophie Maasburg
Gerne unbequem
Das Glaubenszeugnis
des Fürstenpaares Castell
ISBN 978-3-86827-564-3
216 Seiten, gebunden

Marie-Sophie Maasburg legt mit diesem Buch eine eindrückliche Biografie ihrer Großeltern vor. In Gesprächen berichten Fürstin Marie-Louise und Fürst Albrecht zu Castell-Castell davon, wie sie aus einer Lebenskrise heraus zu einem lebendigen Glauben an Jesus fanden; wie Gott sie durch die Schule des Glaubens führte; wie sie mit den Höhen und Tiefen ihres Lebens umgehen lernten; welche geistlichen Strömungen ihr Leben und Wirken beeinflusst haben. Der Leser wird Zeuge, wie sich das Fürstenpaar von Gott geführt sieht, sich in der ökumenischen Bewegung und in der Versöhnungsarbeit zwischen Deutschland und Israel zu engagieren, und wie die Liebe zum Heiligen Land über die Jahre wächst.

Ein inspirierendes Buch über die Lebens- und Glaubenswege des Fürstenpaares Castell, das an vielen Orten zu Brückenbauern wurde – auch, wenn es oft unbequem war, sich für Versöhnung und Vergebung einzusetzen.

Debora Sommer
Juliane von Krüdener
Eine Baronin missioniert Europa
ISBN 978-3-86827-468-4
400 Seiten, gebunden

Die hochgebildete, deutschbaltische Botschaftergattin Juliane von Krüdener (1764-1824) versetzte mit ihrem missionarischen Wirken halb Europa in Aufruhr: Durch ihre Botschaft, ihren Einfluss auf die europäische Politik als Vertraute von Zar Alexander I. sowie als Sozialreformerin von West- bis Osteuropa.

Tauchen Sie ein in die Zeit der französischen Revolution. Entdecken Sie die vergessene Geschichte einer einflussreichen Schriftstellerin und Salondame, die die vorherrschenden Schranken durchbrach und im Auftrag Gottes mutige Wege beschritt.

Anhand neuester Forschungsergebnisse dokumentiert diese Biografie das Leben einer faszinierenden Zeitgenossin von Napoleon, Goethe und Pestalozzi, die durch einen Herrnhuter zum lebendigen Glauben an Jesus Christus fand, und gibt ihr zum 250. Geburtstag ihren Platz in der Geschichte zurück.

Elisabeth Stiefel
Sie waren Sand im Getriebe
Frauen im Widerstand
ISBN 978-3-86827-493-6
128 Seiten, gebunden

Dieses Buch porträtiert bekannte und weniger bekannte Frauen des Widerstandes gegen das Nazi-Regime. Faszinierende Frauen, die es wagten, während der Nazidiktatur kritische Fragen zu stellen. Frauen, die sich mutig für die Rechte verfolgter Minderheiten einsetzten. Aber auch „stille Heldinnen", die im Verborgenen wirkten und jüdische Mitbürger unter Einsatz ihres eigenen Lebens versteckten. Neben der Philosophin Edith Stein und der Widerstandskämpferin Corrie ten Boom porträtiert Elisabeth Stiefel die Lehrerin Elisabeth von Thadden, die Juden bei der Flucht ins Ausland half. Die Theologin Katharina Staritz setzte sich für jüdische Christen ein. Pfarrfrauen wie Elisabeth Goes, Gertrud Mörike und Johanna Stöffler nahmen in ihren Häusern Juden und andere Verfolgte auf. Gemeinsam war ihnen allen die Verankerung im christlichen Glauben, die ihr mutiges Handeln erst ermöglichte.